Di Peter Sloan negli Oscar

English al lavoro
English da zero
English express
Español da zero
Lost in Italy

CON IL METODO RIVOLUZIONARIO DI

John Peter
Sloan

ESPAÑOL DA ZERO

a cura di Laura Patron, Sonia Salas e Federica Sassaroli
con la consulenza scientifica di Dilia Di Vincenzo

I edizione Come*fare* dicembre 2014
I edizione Oscar Absolute settembre 2016

ISBN 978-88-04-66540--3

Questo volume è stato stampato
presso ELCOGRAF S.p.A.
Stabilimento - Cles (TN)
Stampato in Italia. Printed in Italy

Graphic design & illustrazioni: Sara Pedroni
L'esperto audio: Davide Perra
Un grazie particolare a: Ximena Rodriguez Bradford

Anno 2017 - Ristampa 1 2 3 4 5 6 7

| librimondadori.it | anobii.com

ESPAÑOL DA ZERO

Quando ho scritto *English da zero* ho avuto un feedback incredibile. Non parlo solo dei lettori italiani: anche tanti stranieri sono riusciti a imparare l'inglese grazie a questo metodo semplice ed efficace. Fra le lettere che ho ricevuto, ce n'è una che mi ha colpito in modo particolare: quella di un'insegnante di Cádiz che diceva di aver adottato il mio metodo per insegnare lo spagnolo e di aver ottenuto grandi risultati. Io in effetti l'ho sempre sostenuto: grazie al suo approccio logico, semplice e divertente, il metodo "da zero" si può applicare a qualsiasi lingua.

Español da zero ne è la conferma. Sono molto orgoglioso di aver fatto parte di questa nuova, appassionante avventura, e fra poco anche tu capirai perché.

John Peter Sloan

400 milioni di persone
che aspettano di parlare con te
ti dedicano questo libro.

INDICE

¡BIENVENIDO!

Bienvenido vuol dire "benvenuto". Forse ora starai pensando: "Dài, ho capito, non sono mica così capra". Può darsi, ma di fronte a una nuova lingua è meglio non dare niente per scontato. In *Español da zero* imparerai così velocemente che, quasi senza accorgertene, sarai capace di comunicare nella seconda lingua più parlata al mondo e una delle più belle che esistano. E non lo diciamo solo noi che siamo di parte, lo ha ammesso anche John (ok, è vero, era sabato sera ed erano le undici passate, ma l'ha detto).

IL METODO SLOAN

Il metodo di John Peter Sloan è stato una svolta nell'insegnamento dell'inglese e ha fatto sì che milioni di persone in tutta Europa lo imparassero nel modo più veloce e divertente mai concepito finora. Con questo libro il metodo si estende per la prima volta allo spagnolo. Vedrai, una volta che avrai cominciato non ti fermerai più. Prima di partire, però, lascia che ti spieghiamo come è strutturato.

In questo libro troverai parecchi **falsos amigos** (falsi amici), che non sono quelli che non si fanno mai vivi quando hai bisogno, ma parole uguali o molto simili che però significano due cose diverse in italiano e in spagnolo. Li troverai rappresentati così: 

Troverai anche molti **verdaderos amigos** (veri amici), parole o espressioni che hanno esattamente lo stesso uso e lo stesso significato in italiano e in spagnolo.

Ojo significa "occhio" e serve a segnalare i punti importanti che richiedono la tua attenzione. È come un semaforo giallo, di fronte al quale conviene sempre fermarsi. 

Qua e là ti imbatterai anche nei cosiddetti **gemelli diversi**, espressioni per cui in italiano esiste una sola parola ma che in spagnolo ne prevedono due differenti e che dovrai imparare a utilizzare a seconda del contesto. Li riconoscerai facilmente da questa figura: 

Infine, scoprirai molte **expresiones comunes**, parole o espressioni molto frequenti in spagnolo: 

Prima di cominciare la lettura, ti invitiamo a visitare il sito

WWW.JOHNPETERSLOAN.COM

dove troverai un'apposita sezione dedicata a *Español da zero*. Gli audio che ti mettiamo a disposizione sono altrettanto importanti delle parole che trovi scritte in queste pagine. Non si tratta di un extra o di qualcosa di facoltativo, ma di una parte essenziale del tuo processo di apprendimento. Solo ascoltando riuscirai a memorizzare le cose che impari e a capire dove stai sbagliando.

Quando arriverai alla fine sarai capace di presentarti, di tenere una conversazione per strada con uno sconosciuto, di fare domande e rispondere in diverse situazioni. Potrai parlare dei tuoi hobby e dei tuoi interessi, raccontare cosa ti è successo o cosa farai in futuro ma anche affrontare discorsi di lavoro e viaggiare senza problemi in tutti i paesi di lingua spagnola.
Ora, caro lettore, sei pronto per cominciare. **¿A qué esperas? ¡Vamos!** (Non *a la playa*, ma vedrai, ci divertiremo lo stesso.)

PASO

UNO

PRONUNCIACIÓN
PRONUNCIA

I suoni spagnoli

L'alfabeto spagnolo

1

PASO UNO

PRONUNCIACIÓN

I SUONI SPAGNOLI
LOS SONIDOS DEL ESPAÑOL

Italiani e spagnoli hanno la fortuna di essere molto vicini, sia culturalmente sia linguisticamente. Ogni volta che si incontrano si capiscono al volo, come due cugini che si conoscono da una vita.

Grazie per la precisazione, John. Comunque sia, per un italiano la pronuncia dello spagnolo è una delle più semplici da imparare. In spagnolo, come in italiano, ci sono solo cinque vocali e ciascuna ha il suo suono particolare. Forse farai un po' più fatica con la pronuncia di qualche consonante, ma non preoccuparti: dopo aver letto la spiegazione e aver ascoltato i contenuti audio, te la caverai alla grande.

Non è importante che tu riesca a parlare con un accento spagnolo impeccabile. Ora ti diciamo una cosa che forse non sai: fra tutte le città della Spagna e dell'America Latina ci sono così tanti accenti che è quasi impossibile contarli.

È bello sentir parlare le persone con il loro accento caratteristico e provare a indovinare da dove vengono. Il tuo, insomma, è solo un accento in più. Però è essenziale che tu non faccia errori gravi di pronuncia: rischieresti di non farti capire o, peggio ancora, di dire una parola intendendone un'altra, finendo così per creare malintesi o situazioni imbarazzanti.

Il fatto che tu parta da zero è una grande fortuna per te, perché così puoi imparare correttamente la pronuncia senza essere condizionato da conoscenze passate. Invece di usare i tradizionali simboli della fonetica presenti nei dizionari (che sono piuttosto complessi, macchinosi e difficili da memorizzare), il Metodo Sloan ti propone alcune immagini semplici e immediate che potrai ricordare con molta facilità.

Ricorda che le lezioni sono accompagnate dai contenuti audio sul sito

WWW.JOHNPETERSLOAN.COM

È importantissimo, anzi fondamentale, che tu li ascolti: se li segui passo passo, non solo la tua pronuncia migliorerà a vista d'occhio, ma l'efficacia dell'apprendimento sarà raddoppiata.

• LA ZEPPOLA (C e Z) TH

Hai presente un italiano che prova a dire "*thanks*" con accento inglese impeccabile? Quando la C è seguita dalle vocali E, I (**ce**, **ci**) devi pronunciarla esattamente come lui, mettendo la lingua fra i denti. Quando è seguita dalle vocali A, O, U, invece, suona esattamente come in italiano: **ca**, **co**, **cu**.
Per approfondire le regole di pronuncia ed esercitarti con questi suoni, ascolta attentamente i contenuti audio.

COTHINERO → COCINERO = cuoco

DULTHE → DULCE = dolce

THETHILIA → CECILIA = Cecilia

El cocinero está enamorado de la dulce Cecilia.
Il cuoco è innamorato della dolce Cecilia.

Ora che hai capito come pronunciare i suoni **ce** e **ci**, devi solo ricordarti che la lettera Z ha lo stesso suono e si pronuncia così con tutte le vocali.
Trattandosi di un corso "da zero", per facilitare il tuo apprendimento ci siamo concentrati sulla pronuncia più diffusa in Spagna, tralasciando le altre varianti.

THORRO → ZORRO = Zorro

THUMO → ZUMO = succo

THARAGOTHA → ZARAGOZA = Saragozza

El Zorro bebe un zumo en Zaragoza.
Zorro beve un succo a Saragozza.

È vero, adesso Zorro beve solo succo di carota perché sta invecchiando e ormai ci vede poco. L'ultima volta che ha provato a fare una Z con la spada, sono finiti in tre al pronto soccorso (compreso lui).

• IL SERPENTE S

In italiano esistono due suoni diversi per la lettera S: quello di "rosa" (che ricorda il ronzio di una mosca) e quello di "serpente" (simile al sibilo di questo animale). In spagnolo la S si pronuncia quasi sempre con il sibilo di "serpente".

SERPIENTE → SERPIENTE = serpente

REPOSA → REPOSA = riposa

SOBRE → SOBRE = su

ROSA → ROSA = rosa (fiore)

ROSA → ROSA = rosa (colore)

La serpiente reposa sobre una rosa rosa.
Il serpente riposa su una rosa rosa.

• LA MOSCA S

Davanti ad alcune consonanti, la S suona come il ronzio di una mosca.

GATO → GATO = gatto

ASNO → ASNO = asino

DESGANADOS → DESGANADOS = svogliati

Un gato y un asno desganados.
Un gatto e un asino svogliati.

• **L'EFFETTO MOKA** (J e G)

Eccoci arrivati alla J (**jota**), un suono che molti italiani fanno fatica a pronunciare. In realtà è molto simile al rumore di una moka quando viene su il caffè. È un suono gutturale (cioè proviene dalla gola) e si pronuncia nello stesso modo con tutte e cinque le vocali: **ja**, **je**, **ji**, **jo**, **ju**. Lo troviamo in parole come:

JAMÓN → JAMÓN = prosciutto

MEJOR → MEJOR = migliore

MANJAR → MANJAR = prelibatezza

El jamón serrano es el mejor manjar.
Il *jamón serrano* è la miglior prelibatezza.

Quando è seguita dalle vocali E, I, anche la G ha lo stesso suono che hai appena visto (**je**, **ji** = **ge**, **gi**). In pratica, devi pronunciare le parole **geranio** (geranio) e **jabalí** (cinghiale) nello stesso modo, senza fare distinzioni.

GERÓNIMO → GERÓNIMO = Geronimo

GIRA → GIRA = gira

ÁNGEL → ÁNGEL = angelo

Gerónimo se gira y encuentra a un ángel.
Geronimo si gira e trova un angelo.

In tutti gli altri casi, invece, la G si pronuncia esattamente come in italiano: **ga**, **go**, **gu**.

GATO → GATO = gatto

GUSTA → GUSTA = piace

GANSO → GANSO = oca

Al gato le gusta el ganso.
Al gatto piace l'oca.

• **CHE GUEVARA** (GUE, GUI) 

Fin qui tutto chiaro? Bene, adesso concentrati: stiamo per affrontare uno dei suoni che creano più confusione. Non perché sia difficile pronunciarlo, ma perché richiede un piccolo sforzo di memoria: se ti ricordi come leggerlo, avrai già fatto quasi tutto il lavoro. Ricorda solo questa equazione:
gue, **gui** (spagnolo) = **ghe**, **ghi** (italiano).
In pratica, devi dimenticarti la U ed emettere lo stesso suono di quando pronunci il nome "Guevara" (Ghevara).

 ITARRA → GUITARRA = chitarra

 ERRERO → GUERRERO = guerriero

El guerrero toca la guitarra.
Il guerriero suona la chitarra.

Quando sulla U vedi una dieresi (i due puntini, Ü), invece, puoi leggere la parola esattamente come in italiano: **güe, güi** = **gue, gui**.

La regola vale solo per queste due lettere: con le vocali A e O la dieresi non esiste, ma si legge sempre come se ci fosse.

PINGÜINO = pinguino
CIGÜEÑA = cicogna
ma
AGUA = acqua
ANTIGUO = antico

Facile, no? Ora prova a esercitarti con questa frase (se hai qualche dubbio torna indietro di qualche riga per rivedere la spiegazione):

La cigüeña y el pingüino hacen la guerra en el agua.
La cigogna e il pinguino fanno la guerra nell'acqua.

Per approfondire i suoni della G, ti raccomandiamo di ascoltare con attenzione i contenuti audio.

• FATTORE K (QUE, QUI)

Ricordi i suoni **gue, gui** che abbiamo appena visto? Ora non devi far altro che seguirci nell'ultimo passo del nostro ragionamento (che non sarà molto scientifico, però non fa una piega):
se **gue, gui** = **ghe, ghi** ⟶ allora **que, qui** = **che, chi**.
Il suono è esattamente come quello di una K. Lo chiameremo il nostro fattore K.

KIEN ⟶ QUIEN = chi

KIERE ⟶ QUIERE = vuole

KESO ⟶ QUESO = formaggio

¿Quién quiere queso?
Chi vuole del formaggio?

Attenzione: la pronuncia che hai appena imparato vale solo per le parole che cominciano con la Q. Quando una parola inizia con la C, si pronuncia esattamente come in italiano (e la U si legge):

CUANDO = quando
CUERPO = corpo
¡CUIDADO! = attenzione!
CUOTA = quota

Sei pronto a esercitarti con queste due frasi?

Te quiero, ¿lo recuerdas?
Ti voglio bene, te lo ricordi?
Quizás, quizás, quizás...
Forse, forse, forse...

• B e V 

In italiano, perfino un ubriaco riuscirebbe a scandire la differenza fra B e V. In spagnolo, invece, queste due lettere si pronunciano esattamente allo stesso modo. In alcuni casi il suono è quello di una B morbida, che indichiamo con il simbolo che vedi qui sotto:

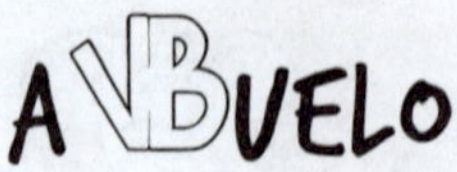 → ABUELO = nonno

 → ÁRBOL = albero

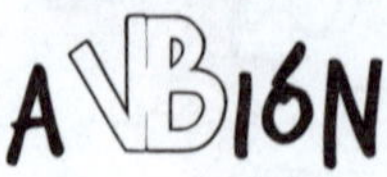 → AVIÓN = aereo

In altri casi invece il suono è quello di una B dura, più simile alla B italiana.

BUENO = buono
CAMBIO = cambiamento
VIDRIO = vetro
ENVIDIA = invidia

Ma forse l'unico modo per capire veramente come si pronuncia questo strano suono è andare ad ascoltare i contenuti audio. Per iniziare ad allenarti, puoi provare con uno scioglilingua molto diffuso in Spagna.

PABLITO → PABLITO = diminutivo di Pablo (Paolino)

CLAVBÓ → CLAVÓ = passato remoto di **clavar** (piantare un chiodo)

CLAVBITO → CLAVITO = diminutivo di **clavo** (chiodo)

Pablito clavó un clavito, ¿qué clavito clavó Pablito?
Paolino ha piantato un chiodino, che chiodino ha piantato Paolino?

• **IL MOTORE** (R/RR) 

Per quasi tutti gli abitanti del mondo – francesi, tedeschi e inglesi, per non parlare dei cinesi – la R è una lettera difficile da pronunciare. Per te non è assolutamente un problema: in spagnolo si pronuncia esattamente come in italiano. L'unica differenza è che, quando si trova all'inizio di una parola, la vibrazione è più forte e marcata, come se stessi pronunciando una doppia R, simile al rombo di un motore:

 → RATÓN = topo

 → CORRE = corre

 → RUEDA = ruota

El ratón corre en la rueda.
Il topo corre nella ruota.

Attenzione: la regola della R forte vale solo a inizio parola o con la doppia R. Quando la R si trova in mezzo a una parola, si legge come in italiano.

PERO → PERO = ma, però

 → PERRO = cane

¡Pero este no es mi perro!
Ma questo non è il mio cane!

• L'ACCA FANTASMA 

È sempre muta, quindi non si pronuncia mai, né all'inizio né a metà parola. In pratica, devi far finta che non ci sia:

 → HOLA = ciao

HIJO → HIJO = figlio

HACES → HACES = fai

AHÍ → AHÍ = lì

Hola hijo, ¿qué haces ahí?
Ciao figliolo, che ci fai lì?

• **X FACTOR**

Si pronuncia come la X italiana di "ex", "maxi", o "taxi".

ÉXITO → ÉXITO = successo

EXIGE → EXIGE = esige

TAXI → TAXI = taxi

MAXI → MAXI = maxi

El éxito exige un taxi maxi.
Il successo esige un taxi maxi.

Per gli altri suoni della X ti raccomandiamo di ascoltare i contenuti audio sul sito.

• L'UOMO CHE STARNUTISCE (CH) 

Queste due lettere accoppiate non sono quelle di una targa svizzera, ma indicano un suono ben preciso: quello che fai quando starnutisci. Possono essere seguite da qualsiasi vocale e si pronunciano come la **ci** italiana di "cielo".

 ICO → CHICO = ragazzo

 OCOLATE → CHOCOLATE = cioccolato

 URROS → CHURROS* = churros

El chico come chocolate con churros.
Il ragazzo mangia cioccolata e *churros*.

***Churros**: dolcetti fritti tipici della Spagna.

• IL FATTORE AGLIO (LL) 

La pronuncia di questo suono è simile a quella della parola "aglio". Per perfezionarla, però, è fondamentale che tu ascolti i contenuti audio e ci segua passo passo.

→ CEBOLLA = cipolla

→ HACE = fa

→ LLORAR = piangere

La cebolla me hace llorar.
La cipolla mi fa piangere.

• I GRIEGA

Se si trova alla fine di una parola, suona come una normalissima I.

→ HOY = oggi

→ VOY = vado

MORROCOI → MORROCOY = Morrocoy

Hoy me voy a Morrocoy.
Oggi me ne vado a Morrocoy.

PLAYA → PLAYA = spiaggia

PAYASO → PAYASO = pagliaccio

YOGUR → YOGUR = yogurt

In questi e in molti altri casi, la Y è una delle lettere più complesse da pronunciare. Per scoprire i modi in cui cambia questo suono ascolta attentamente gli esempi riportati nei contenuti audio.

• **LO GNOMO COL RICCIOLO** (Ñ)

La Ñ è una lettera tipica della lingua spagnola e una delle più facili da ricordare. Si pronuncia esattamente come la **GN** italiana di "sogno" o di "gnomo".

ARAÑA → ARAÑA = ragno

SUEÑA → SUEÑA = sogna

ESPAÑA → ESPAÑA = Spagna

La araña sueña con ir a España.
Il ragno sogna di andare in Spagna.

• SEPARATI IN CASA (GN) 

Ora che hai imparato a pronunciare la Ñ, ricorda che il suono GN non si pronuncia mai come l'italiano "gnomo", ma con le due lettere lette separatamente (G+N), proprio come la parola "magma".

 → IGNORO = ignoro

 → SIGNIFICADO = significato

 → SUEÑOS = sogni

Ignoro el significado de mis sueños.
Ignoro il significato dei miei sogni.

• SEPARATI IN CASA 2 (CC) 

Come per il suono GN, anche qui le due lettere vanno pronunciate separatamente: C di "casa" + zeppola.

 → ACCIÓN = azione

 → INYECCIÓN = puntura

REAC⚡THIÓN → REACCIÓN = reazione

Acción, inyección, reacción.
Azione, puntura, reazione.

L'ALFABETO SPAGNOLO
EL ALFABETO ESPAÑOL

L'alfabeto spagnolo è composto da 27 lettere (un tempo erano 29, con la CH e la LL). Qui sotto le troverai tutte, seguite da una parola con l'iniziale di riferimento e dalla sua traduzione in italiano. Nell'ultima colonna abbiamo trascritto la pronuncia delle lettere per esteso e aggiunto il simbolo nei casi più difficili per aiutarti a capire come pronunciarle.

		PRONUNCIA
A	**AVIÓN** Aereo	A
B	**BURRO** Asino	
C	**CASA** Casa	
D	**DEDO** Dito	DE
E	**ESPAÑA** Spagna	E
F	**FOTO** Foto	EFE
G	**GATO** Gatto	
H	**HUEVO** Uovo	
I	**ISLA** Isola	I

		PRONUNCIA
J	**JIRAFA** Giraffa	JOTA
K	**KOALA** Koala	KA
L	**LIBRO** Libro	ELE
M	**MONO** Scimmia	EME
N	**NUBE** Nuvola	ENE
Ñ	**ÑU** Gnu	EÑE
O	**OJO** Occhio	O
P	**PATO** Anatra	PE
Q	**QUESO** Formaggio	CU
R	**RATÓN** Topo	ERRE
S	**SOL** Sole	ESE
T	**TAZA** Tazza	TE

		PRONUNCIA
U	**UVA** Uva	U
V	**VACA** Mucca	UVBE
W	**WATERPOLO** Pallanuoto	UVBE DOBLE
X	**EXAMEN** Esame	EKIS
Y	**YOGUR** Yogurt	I GRIEGA
Z	**ZORRO** Zorro, volpe	THETA

In spagnolo esiste un unico accento, quello acuto (′), che indica sempre la sillaba che devi accentare nella pronuncia.
Per saperne di più su come cambiano le parole a seconda dell'accento, vai alla **sezione EeE** che trovi in fondo al libro.

Acentos

Ricorda anche che l'apostrofo in spagnolo non esiste, nemmeno quando due parole consecutive finiscono e iniziano con la stessa lettera (**la amiga**, non l'amiga).
Dopo questa grande quantità di informazioni sulla pronuncia spagnola, sei pronto per metterti alla prova.

Vai ai contenuti audio, dove troverai alcuni esercizi per allenarti.

PASO

DOS

PRESENTACIONES
PRESENTAZIONI

2

PASO DOS

PRESENTACIONES

CIAO, SONO DOLORES

HOLA, SOY DOLORES

È arrivato il momento di presentarci. Quante volte ti sei trovato in una situazione imbarazzante o ti sei fatto due risate perché non sapevi come salutare qualcuno in una lingua straniera?

Noi siamo cugini e le possibilità di malinteso sono poche, ma a volte può succedere perfino a noi di sentirci come pesci fuor d'acqua. Se ti è capitato di conoscere qualche spagnolo appena arrivato in Italia, per esempio, gli avrai forse sentito dire che era "incantato". In spagnolo, **encantado de conocerte** significa "piacere di conoscerti". In quel caso, però, la traduzione letterale lascia parecchio a desiderare...

Morale: essere madrelingua italiani aiuta, però non basta. Per parlare davvero una lingua bisogna riuscire a esprimere i concetti giusti con le parole giuste; per questo è necessario conoscerne, se non tutte le sfumature, almeno le differenze basilari rispetto alla propria lingua d'origine.
Se hai comprato questo libro ci sono buone probabilità che prima o poi tu vada in Spagna o in America Latina. Ora ti chiediamo di fare un esame di coscienza e di rispondere sinceramente a questa domanda: da uno a dieci, quante possibilità hai di farti capire escludendo la parola "ciao"? Se le probabilità sono inferiori a due e non vuoi scatenare le reazioni di cui sopra, ti consigliamo di leggere con attenzione questo primo dialogo tra sconosciuti:

DOLORES **Hola, me llamo Dolores, encantada (de conocerte).**
Ciao mi chiamo Dolores, piacere (di conoscerti).

BENIGNO **Mucho gusto, yo soy Benigno. ¿Qué tal?**
Molto piacere, io sono Benigno. Come va?

DOLORES **Muy bien, ¿y tú?**
Molto bene, e tu?

BENIGNO **Bien, gracias.**
Bene, grazie.

DOLORES **¿Cómo se llama tu amigo?**
Come si chiama il tuo amico?

BENIGNO **Se llama Modesto. Modesto, te presento a Dolores.**
Si chiama Modesto. Modesto, ti presento Dolores.

MODESTO **Encantado.**
Piacere.

COME TI CHIAMI?
¿CÓMO TE LLAMAS?

Me llamo Pablo Diego José Francisco de Paula Juan Nepomuceno María de los Remedios Cipriano de la Santísima Trinidad Ruiz y Picasso.

Ebbene sì: raramente i cognomi sono lunghi come quello di Picasso, ma in Spagna e nei paesi ispanofoni uno solo non basta mai. Dal nobile al comune mortale, i cognomi sono (almeno) sempre due: quello del padre (il primo) seguito da quello della madre (il primo).
Facciamo un esempio. Conosci lo scrittore Gabriel García Márquez? Il suo nome viene da:

Gabriel Eligio **García** Martínez (padre) e Luisa Santiaga **Márquez** Iguarán (madre)

Per tornare alla domanda, la risposta corretta in questo caso è **me llamo Gabriel**, ma in una normale conversazione potresti sentirti rispondere anche **soy Gabriel** (sono Gabriel).

ESERCIZIO 1

Adesso prova a tradurre questa frase in italiano. Non hai bisogno di sbirciare, ma se hai dei dubbi troverai la soluzione alla fine del libro. **¡Vamos!**

Hola, soy John, tengo 22 años y soy un cantante muy famoso. ¿Y tú cómo te llamas?

....

....

NOTA EDITORIALE

La Casa Editrice declina ogni responsabilità per le bugie espresse da John sulla sua età e prega vivamente di ignorarle.

Forse ti sarai accorto che nella domanda **¿Cómo te llamas?** il **cómo** è accentato. In realtà non è sempre così. Eccoti una regola semplice per capire quando usare l'accento e quando no. Vedrai, non è difficile.
Cómo si scrive *con* l'accento quando è *agitato*, cioè:

- Nelle frasi interrogative:

  ¿Cómo te va?
  Come va/Come stai?

- Nelle frasi esclamative:

  ¡Cómo me gusta!
  Come mi piace!

- Quando vuoi enfatizzare un concetto:

  No te imaginas cómo ha cambiado.
  Non immagini com'è cambiato.

- In una frase interrogativa indiretta:

  No sé cómo se llama.
  Non so come si chiama.

In tutti gli altri casi, **como** torna *calmo* e non vuole mai l'accento.

No hay nadie como tú.
Come te non c'è nessuno.

Como è anche la prima persona del presente indicativo del verbo **comer** (mangiare). Attento a non confonderti!

Yo como como un león.
Io mangio come un leone.

SALUTI
SALUDOS

Per salutare, in spagnolo, non basta un generico "ciao". Quando arrivi e quando te ne vai devi per forza salutare in modo diverso.
Per fermarci solo al "ciao"... sapevi che non puoi mai usarlo quando incontri qualcuno?

QUANDO ARRIVI

Hola = Ciao

Buenos días* = Buongiorno

Buenas tardes* = Buonasera

Buenas noches* = Buonasera/Buonanotte

QUANDO TE NE VAI

Adiós = Ciao/Arrivederci

Chao = Ciao

Nos vemos = Ci vediamo

Hasta luego** = A presto

*Puoi usare queste espressioni anche quando te ne vai. Ricorda solo di non confondere gli orari:

Buenos días: dall'alba all'ora di pranzo
Buenas tardes: dall'ora di pranzo all'ora di cena
Buenas noches: dall'ora di cena in poi

****Hasta** significa "a/fino" e rimanda a un momento nel futuro:

Hasta la próxima = Alla prossima
Hasta pronto = A presto
Hasta mañana = A domani

In Spagna ormai è entrato in uso anche l'italiano ciao (trascritto in spagnolo **chao**: ti ricordi la regola del CH? No? Torna subito al *Paso 1*!). Lo sentirai usare spesso in contesti informali: si tratta di un falso amico ma non troppo, nel senso che significa effettivamente "ciao", ma puoi usarlo solo quando te ne stai andando.

Dopo che hai salutato potresti aggiungere:

Hola, **me alegro de verte/¡qué alegría verte!**
che bello vederti!
¡cuánto tiempo!
quanto tempo!
¿qué tal?
come va?
¿cómo estás?
come stai?

Adiós, **te llamo en cuanto* pueda.**
ti chiamo appena posso (*non è mai vero!*).
dale recuerdos a.../un abrazo a...
salutami.../dai un abbraccio a...

***En cuanto** significa "non appena". Per dire "in quanto" usi **puesto que** o **dado que**.

ESERCIZIO 2

Ecco un esercizio di traduzione dall'italiano. Non devi tradurre i nomi dei personaggi né sbirciare le soluzioni... Vai!

1 Ciao, sono Dolores, piacere di conoscerti.

....

2 Buongiorno Dolores, io mi chiamo Remedios.

....

3 Oh! Ciao Remedios, piacere.

....

4 A domani, Dolores.

....

5 A presto!

....

COME STAI?
¿CÓMO ESTÁS?

A questa domanda puoi rispondere così:

Muy bien, gracias.
Molto bene, grazie.
Estupendamente.
Meravigliosamente.
Genial.
Benissimo.

Estoy bien gracias, ¿y tú?
Sto bene grazie, e tu?
No me quejo.
Non mi lamento.

Ma anche così:

No muy bien.
Non molto bene.
Estoy un poco cansado/a.
Sono un po' stanco/a.
Regular.
Così così.
¡Fatal!
Malissimo!

Hai notato qualcosa di nuovo o di diverso nelle domande? Diversamente che in altre lingue, il punto esclamativo e interrogativo vanno *sempre in coppia*, come le virgolette e le parentesi: **¡...!** e **¿...?**. È come se ti dicessero fin dal principio che intenzioni ha quella frase, per farti prendere da subito l'intonazione giusta. Ricordati che all'inizio di una frase si scrivono al contrario. **¿Vale? ¡Muy bien!**

QUANTI ANNI HAI?
¿CUÁNTOS AÑOS TIENES?

È il modo più classico per chiedere l'età:

¿Cuántos años tienes?
Quanti anni hai?

In spagnolo, per riferirsi all'età, si usa il verbo avere (**tener**), proprio come in italiano.

Tengo = Ho
Treinta y siete = Trentasette
Años = Anni

Come avrai notato, le parole **cuántos**, **qué** e **cuál** hanno sempre l'accento quando si usano per fare domande: sono *agitate*, proprio come nel caso di **cómo**.

¿Cuánto dinero tienes?
Quanti soldi hai?
¿Qué hora es?
Che ore sono?
¿Cuál es tu cantante favorito?
Qual è il tuo cantante preferito?

In tutti gli altri casi, invece, l'accento *non* si usa perché sono *calme*.

Tengo unos cuantos amigos en Francia.
Ho un po' di amici in Francia.
No tengo nada que decir.
Non ho niente da dire.
Me gustas como eres.
Mi piaci come sei.

E ADESSO DIAMO I NUMERI!

Qualunque uso tu voglia farne (dire la tua età vera o barare, lasciare un numero sbagliato a uno sconosciuto o metterti a contare le pecore), è importante che impari a contare fino a venti e a pronunciare i numeri correttamente in spagnolo, senza traduzioni maccheroniche o improvvisate. Sei pronto? **¡Vamos!**

NUMERO		PRONUNCIA
1	**UNO**	UNO
2	**DOS**	DOS
3	**TRES**	TRES
4	**CUATRO**	CUATRO
5	**CINCO**	THINCO
6	**SEIS**	SEIS
7	**SIETE**	SIETE
8	**OCHO**	O O
9	**NUEVE**	NUEVBE
10	**DIEZ**	DIETH

NUMERO		PRONUNCIA
11	**ONCE**	ONTHE
12	**DOCE**	DOTHE
13	**TRECE**	TRETHE
14	**CATORCE**	CATORTHE
15	**QUINCE**	KINTHE
16	**DIECISÉIS**	DIETHISEIS
17	**DIECISIETE**	DIETHISIETE
18	**DIECIOCHO**	DIETHIO  O
19	**DIECINUEVE**	DIETHINUEVBE
20	**VEINTE**	VBEINTE

Alla fine del libro, nella **sezione EeE**, troverai altri numeri e scoprirai come si scrivono e pronunciano i numeri ordinali (primo, secondo ecc.).

EeE 2 **Números**

ESERCIZIO 3

Scrivi chi sei e la tua età per esteso (non barare!).

Hola, soy ________________ y tengo ________ años.

ESERCIZIO 4

Lascia il tuo numero di telefono a uno sconosciuto e poi leggilo ad alta voce (qui se vuoi puoi anche barare).

Mi teléfono es ________________.

MASCHILE E FEMMINILE
MASCULINO Y FEMENINO

Uomo o donna? Amico o amica? Come in italiano, i sostantivi spagnoli appartengono tutti al genere *maschile* o *femminile*. La maggior parte degli aggettivi, dei pronomi e tutti gli articoli concordano con il nome a cui si riferiscono, in modo del tutto simile all'italiano. Che bellezza!

MASCHILE	FEMMINILE
I nomi che finiscono in **O** sono quasi sempre maschili:	
El niño = Il bambino **El libro** = Il libro	**La niña** = La bambina **La casa** = La casa
Abbiamo detto quasi sempre... perché ci sono delle eccezioni. Vediamone alcune:	
El día = Il giorno **El mapa** = La mappa	**La mano** = La mano **La foto** = La foto

Día e **mapa** sono maschili anche se finiscono con la **A**.
Mano e **foto** sono femminili anche se finiscono con la **O**, proprio come in italiano.

Ci sono nomi che restano invariati al maschile e al femminile, per esempio la parola **estudiante**:	
El estudiante = Lo studente	**La estudiante** = La studentessa
Altre volte, invece, per il maschile e il femminile si usano due parole diverse:	
El hombre = L'uomo **El padre** = Il padre **El toro** = Il toro	**La mujer** = La donna **La madre** = La madre **La vaca** = La mucca

Come in italiano, per riferirsi a una coppia o a un gruppo di persone misto, si usa sempre il plurale maschile.

El padre + la madre = los padres

Il padre + la madre = i genitori

Un niño + ocho niñas = nueve niños
Un bambino + otto bambine = nove bambini
El rey + la reina = los reyes
Il re + la regina = i sovrani

¡OJO! Parecchi nomi che in italiano sono maschili, sono femminili in spagnolo e viceversa:

FEMMINILE	MASCHILE
La mesa = Il tavolo	**El marco** = La cornice
La cama = Il letto	**El despertador** = La sveglia
La cuchara = Il cucchiaio	**El tenedor** = La forchetta
La sangre = Il sangue	**El hombro** = La spalla

Se vuoi saperne di più su maschile e femminile, vai alla **sezione EeE** in fondo al libro.

EeE 3 **Masculino y femenino**

ESERCIZIO 5

Vediamo come te la cavi mettendo questi sostantivi al femminile:

Profesor → ....

Rey → ....

Vecino* → ....

Estudiante → ....

Hombre → ....

Señor → ....

***Vecino** significa “vicino”, ma nel senso di vicino di casa. Per dire che una cosa è vicina a un’altra dici **cercano**.

SINGOLARE E PLURALE
SINGULAR Y PLURAL

Pensavi che per formare il plurale in spagnolo bastasse aggiungere una **S** alla fine della parola? Be’, non è proprio così. Le regole comunque sono facili: se ti concentri ti basterà un attimo per capirle.

Per trasformare una parola al plurale devi aggiungere una **S** o la sillaba **ES**, a seconda di come finisce.

Hay = Ci sono
Dos = Due
Pequeños animales = Piccoli animali
En el jardín = Nel giardino

• Aggiungi la **S** quando il singolare finisce con una vocale:

Pequeño - pequeños
Piccolo - piccoli
Naranja - naranjas
Arancia - arance

• Aggiungi la sillaba **ES** quando il singolare finisce con una consonante:

Animal - animales
Animale - animali
Jardín - jardines
Giardino - giardini

E ricordati che la **S** del plurale è sempre  come fa il serpente!

• Se un nome o un aggettivo finiscono con la **Z**, la **Z** si trasforma in **C** ed è seguita dalla sillaba **ES**:

Pez - peces
Pesce - pesci
Feliz - felices
Felice - felici

Come avrai notato, quando trasformi una parola al plurale cambia anche l'articolo.

La naranja - Las naranjas
El jardín - Los jardines
El animal - Los animales
El pez - Los peces

In spagnolo abbiamo due parole diverse per riferirci al pesce: chiamiamo **pescado** il pesce che mangiamo (e che è stato pescato, appunto) e **pez** quello che nuota libero e felice nell'acqua. Quanto al plurale, be', ora dovresti saperlo. Altrimenti... torna di corsa alle regole!

PEZ

PESCADO

Per approfondire le eccezioni del plurale vai alla **sezione EeE** in fondo al libro.

Plural (excepciones)

ESERCIZIO 6

Adesso tocca a te. Guarda le immagini e prova a riscrivere la frase in base a ciò che vedi:

HAY UN CHIMPANCÉ Y UN PLÁTANO EN EL ÁRBOL.

Ci sono uno scimpanzè e una banana sull'albero.

HAY

PASO

TRES

¿SER O ESTAR?

ESSERE

3

PASO TRES

¿SER O ESTAR?

Essere o essere? In spagnolo potremmo dire che è proprio questo il problema... Come vedrai nelle prossime pagine, per indicare il verbo essere ci sono due espressioni: **ser** e **estar**. Sono due gemelli diversi, cioè parole che in italiano si traducono con lo stesso termine ma che in spagnolo hanno usi e significati ben distinti. Alla fine del capitolo sarai in grado di capire quando usare uno e quando usare l'altro senza scervellarti troppo. Sei pronto?

GIORNI DELLA SETTIMANA
DÍAS DE LA SEMANA

I giorni della settimana sono molto simili all'italiano. L'unica cosa che ti può dare qualche difficoltà è la pronuncia di **jueves**.

¿Qué día es hoy?
Che giorno è oggi?
Hoy es...

GIORNO	DÍA	PRONUNCIA
Lunedì	**LUNES**	LUNES
Martedì	**MARTES**	MARTES
Mercoledì	**MIÉRCOLES**	MIÉRCOLES
Giovedì	**JUEVES**	UEVES
Venerdì	**VIERNES**	VBIERNES
Sabato	**SÁBADO**	SÁVBADO
Domenica	**DOMINGO**	DOMINGO

I giorni della settimana che finiscono con la **S** restano invariati al singolare e al plurale.

> **Hoy es martes.**
> Oggi è martedì.
> **Voy a correr todos los martes.**
> Vado a correre tutti i martedì.

Sábado e **domingo**, invece, vogliono la **S** al plurale:

> **Hoy es sábado.**
> Oggi è sabato.
> **Voy a correr todos los sábados.**
> Vado a correre tutti i sabati.

I MOMENTI DELLA GIORNATA
LOS MOMENTOS DEL DÍA

Éstos son los momentos del día:

El amanecer = L'alba
La mañana = Il mattino
La tarde = Il pomeriggio
La tarde/noche = La sera
La noche/madrugada = La notte

Por la mañana duermo.
La mattina dormo.
Por la tarde echo la siesta*.
Il pomeriggio faccio la siesta.
Por la noche no trabajo.
La sera non lavoro.

***La siesta** = per molti spagnoli e latinoamericani è uno dei momenti più importanti del giorno (inutile che ti spieghiamo perché). I tempi moderni hanno influito parecchio sulla durata, ma non sull'idea che sia sano staccare la spina.

Otros momentos (altri momenti):

Ayer, hoy, mañana = Ieri, oggi, domani
Antes de ayer = L'altroieri
Pasado mañana = Dopodomani
La semana pasada = La settimana scorsa
La próxima semana = La settimana prossima

Mañana, come avrai notato, ha due significati:

Mañana = Domani
Mañana = Mattino
Mañana por la mañana = Domani mattina

Anche la parola **tarde** ha due significati:

Tarde = Tardi
Tarde = Pomeriggio
Más tarde por la tarde = Più tardi nel pomeriggio

MESI E STAGIONI
MESES Y ESTACIONES

¿En qué mes estamos?
Estamos en...

MESE	MES	PRONUNCIA
Gennaio	**ENERO**	ENERO
Febbraio	**FEBRERO**	FEVBRERO
Marzo	**MARZO**	MARTHO
Aprile	**ABRIL**	AVBRIL

MESE	MES	PRONUNCIA
Maggio	**MAYO**	MAYO
Giugno	**JUNIO**	UNIO
Luglio	**JULIO**	ULIO
Agosto	**AGOSTO**	AGOSTO
Settembre	**SEPTIEMBRE**	SEPTIEMBRE
Ottobre	**OCTUBRE**	OCTUBRE
Novembre	**NOVIEMBRE**	NOVBIEMBRE
Dicembre	**DICIEMBRE**	DITHIEMBRE

¿En qué estación estamos?
Estamos en...

Primavera	**PRIMAVERA**	PRIMAVBERA
Estate	**VERANO**	VBERANO
Autunno	**OTOÑO**	OTOO
Inverno	**INVIERNO**	INVIERNO

Quando parli dei mesi o delle stagioni in corso usa sempre la preposizione **EN**:

Estamos en diciembre.
Siamo in dicembre.
Estamos en primavera.
Siamo in primavera.

ESERCIZIO 7

Ora, con le parole nuove che hai imparato, traduci queste frasi.

1 Che giorno è oggi?

....

2 È domenica, vado a correre.

....

3 Quando?

....

4 Di notte.

....

5 Siamo in inverno: stai bene?

....

6 Così così...

....

DATE
FECHAS

Quando devi dire (a voce) una data, devi farlo per esteso, usando le preposizioni. Eccoti un esempio di data di nascita per iniziare a familiarizzare con le preposizioni:

> **María nació en Sevilla el 20 de septiembre de 1975 a las 8 de la mañana.**
> María è nata a Siviglia il 20 settembre 1975 alle 8 di mattina.

ESERCIZIO 8

YO NACÍ EN CÁDIZ EL DIEZ DE AGOSTO DE 1989 A LAS NUEVE DE LA MAÑANA.

Adesso tocca a te. Scrivi la tua data di nascita completa (luogo, giorno, mese, anno e ora).

....

SONO NATO LUOGO GIORNO MESE ANNO ORA

Ora prova a scrivere la data di nascita di altre tre persone. Niente scuse per l'ora: se non la sai, puoi inventarla (per Picasso cerca pure su internet).

MI AMIGA NACIÓ ....

MI PADRE NACIÓ ....

PICASSO NACIÓ ....

¿Todo bien? Sei in pari con i contenuti audio? **¡Entonces vamos!**

STATI D'ANIMO
ESTADOS DE ÁNIMO

¿Cómo estás?
Estoy...

 **FELIZ** Felice FELITH	 **TRISTE** Triste TRISTE	 **ABURRIDO** Annoiato AVBU IDO
 **EMOCIONADO** Eccitato, emozionato EMOTHIONADO	 **CANSADO** Stanco CANSADO	 **LOCO** Pazzo LOCO
 **ENFADADO** Arrabbiato ENFADADO	 **COHIBIDO** Imbarazzato COHIVBIDO	 **BORRACHO** Ubriaco BO A O
 **CONFUNDIDO** Confuso CONFUNDIDO	 **SORPRENDIDO** Sorpreso SORPRENDIDO	 **ASUSTADO** Spaventato ASUSTADO

NOTA EDITORIALE

La Casa Editrice sconsiglia vivamente di imitare lo spagnolo di John, specie se è ubriaco.

ASPETTO FISICO
ASPECTO FÍSICO

¿Cómo eres?
Soy...

GUAPO
Bello
GUAPO

FEO
Brutto
FEO

VIEJO
Vecchio

JOVEN
Giovane

GORDO
Grasso
GORDO

DELGADO/FLACO
Magro
DELGADO/FLACO

ALTO
Alto
ALTO

BAJO
Basso

GRANDE
Grosso
GRANDE

PEQUEÑO
Piccolo

E/O
Y/O

Ora che sai dire qualcosa di te e di come ti senti è importante che tu impari due paroline magiche. Si tratta delle congiunzioni **y** e **o**.

La prima equivale alla "e" italiana e ti aiuterà a dire più cose di te senza negarne nessuna.
Con la seconda potrai parlare di due cose in alternativa, proprio come con la "o" italiana.

¡OJO! Quando la parola successiva a **y** inizia con la **I** o con la sillaba **HI**, la congiunzione si trasforma in **e** per comodità di pronuncia.

Soy guapo e inteligente.
Sono bello e intelligente.

Quando vuoi parlare di due cose in opposizione fra loro o in alternativa, usi la congiunzione disgiuntiva **o**:

¿Eres tonto o inteligente?
Sei stupido o intelligente?

¡OJO! Anche qui, quando la parola successiva a **o** inizia con la **O** o con la sillaba **HO**, la congiunzione si trasforma in **u** per le stesse ragioni.

¿Mujer u hombre?
Donna o uomo?
Una cosa u otra.
Una cosa o l'altra.

ESERCIZIO 9

Ci dispiace... non hai ancora imparato a dire "mi dispiace"! In spagnolo si dice **lo siento**. Attento a non dire **me desplace**, che invece indica qualcosa che ti dà fastidio o non ti piace.

“Gloria Cercamore”

Questa è Gloria. Sta cercando il suo uomo ideale, ma non lo trova. Quindi ha deciso di incontrare alcuni uomini, nella speranza di rimediare un marito. Completa i testi sotto le figure usando l’aggettivo corretto.

LO SIENTO, PERO TÚ ERES MUY FEO.

LO SIENTO, PERO TÚ ERES MUY ....

LO SIENTO, PERO TÚ ERES MUY ....

LO SIENTO, PERO TÚ ERES MUY ....

La **sezione EeE** contiene altri aggettivi. Se non ti rispecchi nelle descrizioni di Gloria, vai a dare subito un'occhiata in fondo al libro.

EeE 5 **Estados de ánimo/Aspecto físico**

MOLTO

MUY Y MUCHO

Avrai notato che Gloria, scartando gli uomini che considera non adatti a lei, ha utilizzato la parola **muy** (molto). In spagnolo esiste anche un'altra parola per indicare lo stesso concetto: **mucho**. Si tratta di due gemelli diversi, per cui devi imparare quando usare l'uno e quando usare l'altro. Fai attenzione alla spiegazione, **¡es muy importante!**

Mucho si usa:

CON I VERBI

ME GUSTAS MUCHO
Mi piaci tanto

TE QUIERO MUCHO
Ti voglio tanto bene

BÉSAME MUCHO
Baciami tantissimo

NO COMO MUCHO
Non mangio tanto

CON I SOSTANTIVI

MUCHAS CHICAS
Molte ragazze

MUCHA ENVIDIA
Molta invidia

MUCHO RUIDO
Molto rumore

MUCHOS PROBLEMAS
Molti problemi

Muy si usa:

CON GLI AVVERBI

¡MUY BIEN!
Molto bene!

¡MUY MAL!
Molto male!

MUY TARDE
Molto tardi

MUY TEMPRANO
Molto presto

CON GLI AGGETTIVI

MUY FELIZ
Molto felice

MUY TRISTE
Molto triste

MUY ENFADADA
Molto arrabbiata

MUY CANSADO
Molto stanco

Come avrai visto, quando **mucho** precede un sostantivo concorda sempre con quest'ultimo, come in italiano.
Muy, invece, resta sempre invariato, proprio come in italiano.
Eccoti qualche esempio:

Hay muchas chicas.
Ci sono molte ragazze.
Hablan mucho.
Parlano molto.

Estoy muy confundido.
Sono molto confuso.
Tengo muchos amigos.
Ho molti amici.
No hablan mucho.
Non parlano molto.
Tengo mucha suerte.
Ho molta fortuna.

ESERCIZIO 10

Muy o **mucho**? Adesso mettiti alla prova.

1 **Estoy** .... **triste de estar aquí.** (Sono molto triste di essere qui.)

2 **Vuelvo a casa, es** .... **tarde.** (Torno a casa, è molto tardi.)

3 **Hay** .... **chicas en este ascensor.** (Ci sono molte ragazze in questo ascensore.)

4 **Me gusta** .... **ir a la playa.** (Mi piace molto andare in spiaggia.)

5 **No tienes** .... **amigos.** (Non hai molti amici.)

6 **Gracias, eres** .... **amable.** (Grazie, sei molto gentile.)

DI DOVE SEI?
¿DE DÓNDE ERES?

Dónde significa "dove", e lo usi esattamente come in italiano.

In questo capitolo una vecchia amica di John Peter Sloan è venuta a trovarci e ci racconta **de dónde es**:

Hola, soy Sofía: soy de Lima, la capital de Perú.
Ciao, sono Sofía: sono di Lima, la capitale del Perù.
Y vosotros, ¿de dónde sois?
E voi, di dove siete?

Ecco qualche domanda che potresti fare a Sofía.

TÚ **¿Eres peruana?**
Sei peruviana?

SOFÍA **Sí, soy peruana.**
Sì, sono peruviana.

TÚ **Y ahora ¿dónde vives?**
E adesso dove abiti?

SOFÍA **Vivo en Milán, cerca de la estación.**
Vivo a Milano, vicino alla stazione.

Con la globalizzazione che avanza il mondo è ormai un punto d'incontro di lingue e culture diverse, ed è sempre più facile trovarsi in situazioni come queste:

PEDRO **Hola, soy Pedro y soy mexicano. ¿Tú de dónde eres? ¿Eres irlandés?**
Ciao, sono Pedro e sono messicano. Tu di dove sei? Sei irlandese?

CIAR **No, no soy irlandés, soy chino.**
No, non sono irlandese, sono cinese.

Come avrai capito, Ciar (che vedi qui sopra) è un irlandese con un grande senso dell'umorismo.

NAZIONALITÀ
NACIONALIDADES

Pedro, te presento a Richard. Él es de Florida. Es americano.
Pedro, ti presento Richard. Lui viene dalla Florida. È americano.
Mucho gusto, yo soy de Buenos Aires. Soy argentino.
Molto piacere, io sono di Buenos Aires. Sono argentino.

Con la parola **de** hai imparato a dire di dove sei. Adesso con questi nuovi aggettivi potrai specificare la tua nazionalità.

Italiano = Italiano **(de Italia)**
Español = Spagnolo **(de España)**
Inglés = Inglese **(de Inglaterra)**
Estadounidense = Statunitense **(de Estados Unidos)**
Francés = Francese **(de Francia)**
Alemán = Tedesco **(de Alemania)**
Peruano = Peruviano **(de Perú)**
Argentino = Argentino **(de Argentina)**
Chino = Cinese **(de China)**
Japonés = Giapponese **(de Japón)**

TE PRESENTO A MIS AMIGOS

Jean es de París. Es francés.
Jean è di Parigi. È francese.
Ellas son de Tokio. Son japonesas.
Loro sono di Tokyo. Sono giapponesi.
Natasha y Vladimir son de Moscú. Son rusos.
Natasha e Vladimir sono di Mosca. Sono russi.

Nella **sezione EeE** in fondo al libro troverai altri aggettivi riferiti alle nazionalità.

EeE 6 **Nacionalidades**

APPUNTAMENTO AL BUIO

Abbiamo fatto una ricerca con un'importante agenzia matrimoniale internazionale che si chiama "Corazones espinados" (Cuori infranti). I seguenti esempi sono chiamate telefoniche tra persone di diverse nazionalità.

ANASTASIA **Hola, soy Anastasia, soy rusa y busco un hombre** (cerco un uomo). **¿Tú eres un hombre?**

ROBERTO **Sí, me llamo Roberto y soy un hombre. ¿Tú eres enfermera?**

ANASTASIA **No, no soy enfermera. ¿Por qué?**

ROBERTO **Porque tengo el corazón herido** (ferito).

JACK **Hola, soy Jack, soy escocés y soy muy alto. ¿Tú cómo eres?**

CHENG **Soy Cheng, no soy muy alto y soy de China.**

JACK **No me siento bien. Necesito** (ho bisogno di) **mucho whisky.**

SOFÍA **Hola, soy Sofía, y estoy muy sola.**
TOM **Hola Sofía, ¿qué tal?**
SOFÍA **Regular. Y tú, ¿de dónde eres?**
TOM **Soy estadounidense. ¿Y tu, cariño?**
SOFÍA **Soy peruana y vivo en Italia.**
TOM **Oh no! Ho capito chi sei! Sei l'amica di John Peter Sloan!**
(e *riaggancia*)

ESSERE
SER Y ESTAR

Eccoci al momento tanto atteso. Quando usare **ser** e quando usare **estar**?
Finora abbiamo visto un paio di casi interessanti:

Soy inglés y soy simpático.
Sono inglese e sono simpatico.
Estoy muy borracho.
Sono molto ubriaco.

Per prima cosa vediamo i verbi:

	SER	ESTAR
YO	**SOY**	**ESTOY**
TÚ	**ERES**	**ESTÁS**
ÉL, ELLA, USTED	**ES**	**ESTÁ**
NOSOTROS (AS)*	**SOMOS**	**ESTAMOS**
VOSOTROS (AS)*	**SOIS**	**ESTÁIS**
ELLOS (AS)*, USTEDES	**SON**	**ESTÁN**

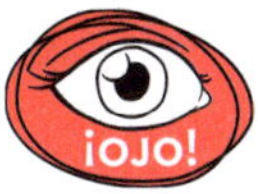

*Come avrai notato, le tre persone plurali hanno anche la forma femminile.

Usted e **ustedes** sono le formule di rispetto. Corrispondono al "lei" e al "loro" italiano. Per rivolgerti a qualcuno in modo informale usi **tú** e **vosotros**.

Come vedi, si tratta proprio di due verbi diversi che in italiano si traducono entrambi con "essere" ma che in spagnolo hanno due significati ben distinti. In generale, usi **ser** per parlare di *qualità costanti* e *permanenti* che non cambiano nel tempo ed **estar** per parlare di *stati o condizioni transitorie* determinate da particolari circostanze.

Usi **ser** per fatti, cose e caratteristiche che non cambiano.

- **Nazionalità e provenienza**

  Soy un chico italiano.
  Sono un ragazzo italiano.
  Soy de Roma.
  Sono di Roma.

- **Aspetto fisico**

  Soy alto y delgado.
  Sono alto e magro.

- **Professioni**

  Soy pizzero.
  Faccio il pizzaiolo.

- **Date, giorni, ricorrenze**

  Hoy es martes.
  Oggi è martedì.
  Es el 15 de julio.
  È il 15 luglio.
  El concierto es esta tarde.
  Il concerto è questo pomeriggio.

- **Materiale di cui è fatta una cosa**

  Esta silla es de madera.
  Questa sedia è di legno.
  Este jersey es de algodón.
  Questo golfino è di cotone.

• **Possesso o appartenenza**

¡Éste es mi novio!

Questo è il mio fidanzato!

Usi **estar** per cose che possono cambiare con il tempo:

• **Stati d'animo e condizioni fisiche**

Estoy muy feliz de verte.

Sono molto felice di vederti.

Estoy un poco cansado.

Sono un po' stanco.

¡Estoy gordo! (He engordado.)

Sono grasso. (Sono ingrassato.)

• **Il posto in cui si trova qualcuno o qualcosa**

Estoy en Roma.

Sono a Roma.

La manzana está sobre la mesa.

La mela è sopra il tavolo.

Come vedrai più avanti, il verbo **estar** si usa anche per indicare azioni in corso di svolgimento. Per approfondire, vai al *Paso 8*.

Ecco un altro esempio per non confonderti:

SER	ESTAR

La mesa es redonda. Il tavolo è rotondo. Il fatto che sia rotondo con cambia.	**La mesa está ocupada.** Il tavolo è occupato. Il fatto che sia occupato è una condizione transitoria.

Ormai dovrebbe essere tutto chiaro, no? In caso di dubbio, guarda come si è ingegnato John...

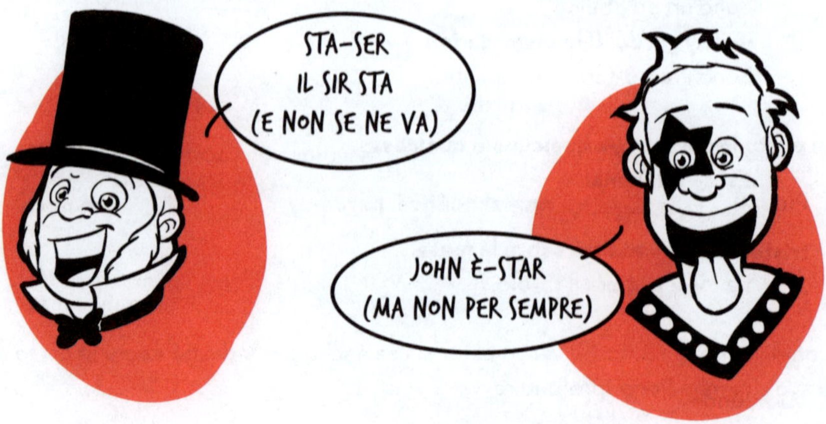

ESERCIZIO 11

Ora prova a dire qualcosa di te (chi sei, come sei, cosa fai) usando i verbi **ser** e **estar**. Ecco un esempio:

ME LLAMO ANA, SOY GUAPA Y SIMPÁTICA, PERO ESTOY SIEMPRE CANSADA PORQUE MI TRABAJO ES DURO.

....

....

....

....

....

ESERCIZIO 12

Adesso completa le frasi con **ser** o **estar**.

1 **Raquel** .... **enfermera y** .... **de Madrid.**

2 **Ahora** (ora) **Raquel** .... **de vacaciones** (in vacanza) **en Canadá.**

3 **Piedad** .... **muy simpática, pero hoy** .... **un poco triste.**

4 **Los niños** .... **en casa y sus padres** .... **muy cansados.**

5 **¿De dónde** .... **ustedes? De Andalucía.**

PASO

CUATRO

¡PRESENTE!

PRESENTE

4

PASO CUATRO

¡PRESENTE!

L'ORA
LA HORA

Ti ricordi la differenza tra **ser** e **estar**? Bene, allora ricorderai che per riferirci a date, mesi e stagioni usiamo sempre il verbo **ser**.

Hoy es martes.
Oggi è martedì.

Per chiedere e dire l'ora è la stessa cosa:

¿Qué hora es? – Es la una.
Che ora è? – È l'una.

Quando ti capiterà di chiedere l'ora per strada, faresti meglio a dire: **¿Tienes hora, por favor?**, o **¿Disculpe, tiene hora?** in situazioni più formali. La domanda **¿Qué hora es?** potrebbe suonare un po' invadente. E ora passiamo alla risposta. Quando è l'una, mezzogiorno o mezzanotte rispondi al singolare, come in italiano:

Es la una de la madrugada.
È l'una di notte (1:00).
Es la una y cuarto.
È l'una e un quarto (13:15).
Es mediodía./Es medianoche.
È mezzogiorno./È mezzanotte (12:00/00:00).

Per tutte le altre ore invece usi **son**:

Son las tres de la tarde.
Sono le tre del pomeriggio (15:00).
Son las seis y media de la mañana.
Sono le sei e mezzo del mattino (6:30).

Son las doce menos cuarto.
Sono le dodici meno un quarto (11:45).
Son las cuatro y cuarto.
Sono le quattro e un quarto (16:15).
Son las nueve y media de la noche
Sono le nove e mezzo (21:30).

Ricordati che davanti alla parola **cuarto** non si mette mai l'articolo:
Son las dos y cuarto.
Sono le due e un quarto.

Quando ti riferisci a un'ora tonda puoi usare l'espressione **en punto**, ma non è obbligatorio:
Son las cuatro (en punto).
Sono le quattro in punto.

Per approfondire l'argomento ore vai alla **sezione EeE** in fondo al libro.

EeE 7 **La hora**

IL CLIMA
EL CLIMA

Quando il tempo non è quello degli orologi ma quello meteorologico, devi dire:
¿Qué tiempo hace?
Che tempo fa?

Tornando al dilemma **ser** o **estar**, avrai già capito che il tempo è una condizione transitoria e in molti casi devi usare il verbo **estar**.

Tranne in Inghilterra, dove piove per 360 giorni all'anno (gli altri 5 nevica).

ESTÁ SOLEADO
È soleggiato

ESTÁ LLOVIENDO
Sta piovendo

ESTÁ NUBLADO
È nuvoloso

ESTÁ NEVANDO
Sta nevicando

Per parlare delle condizioni meteorologiche utilizziamo anche il verbo **hacer** (fare):

Hace mucho calor = Fa molto caldo/Fa caldissimo
Hace frío = Fa freddo
Hace buen tiempo = C'è bel tempo
Hace sol = C'è il sole
Hace viento = C'è vento

Per altri vocaboli sul tempo meteorologico vai alla **sezione EeE** in fondo al libro.

EeE 8 **El clima**

ESERCIZIO 13

Con le cose che hai appena imparato traduci queste frasi dall'italiano allo spagnolo. Prova a scrivere i numeri per esteso. **¿Estás listo?** (Sei pronto?)

1 Che ore sono, per favore?

....

2 Sono le tre e c'è vento.

....

3 C'è il sole e sono le quattro e mezzo.

....

4 Sono le sei e un quarto e fa freddo.

....

5 È l'una e fa caldissimo.

....

FARE
HACER

Il verbo **hacer** è l'equivalente dell'italiano "fare": un calderone di significati che traduce molte azioni diverse. È un verbo irregolare solo alla prima persona singolare, e al presente si coniuga così:

	HACER
YO	**HAGO**
TÚ	**HACES**
ÉL, ELLA, USTED	**HACE**
NOSOTROS (AS)	**HACEMOS**
VOSOTROS (AS)	**HACÉIS**
ELLOS (AS), USTEDES	**HACEN**

Hacer viene usato in parecchi sensi. Vediamone alcuni:

Hace calor/frío = Fa caldo/freddo
Hace bien/mal = Fa bene/male

Hacer un favor = Fare un favore
Hacer algo = Fare qualcosa
No hacer nada = Non fare niente
Hacer la cama = Fare il letto
Hacer la comida = Fare da mangiare
Hacer la maleta = Fare la valigia
Hacer caso = Fare caso
Hacer una pregunta = Fare una domanda
Hacer falta = Mancare
Hacer la compra = Fare la spesa
Hacer deporte = Fare sport
Hacer un viaje = Fare un viaggio
Hacer ruido = Fare rumore

Ecco un piccolo dialogo con alcune espressioni utili:

A **¿Qué haces?**
Che cosa fai?
B **No hago nada.**
Non faccio niente.
A **¿Por qué* no hacemos algo?**
Perché non facciamo qualcosa?
B **Se me hace difícil.**
Mi risulta difficile.
A **¿Por qué*?**
Perché?
B **Hace demasiado calor.**
Fa troppo caldo.
A **Me hace falta algo.**
Mi manca qualcosa.
B **A mí no me hace falta nada.**
A me non manca niente.

***Porque** = Perché / **¿Por qué?** = Perché?

Hace significa "fa" ed è usato per le espressioni temporali, proprio come in italiano:

Hace un año = Un anno fa
Hace tres días = Tre giorni fa
Hace poco = Poco fa
Hace mucho tiempo = Molto tempo fa
Hace siglos = Secoli fa

Invece, non si usa *mai* in questi casi:

Fare un sogno = **Soñar**
Fare colazione = **Desayunar**
Fare la doccia = **Darse una ducha/Ducharse**
Fare un bagno = **Darse un baño/Bañarse**
Fare lezione = **Dar clase**
Non fa niente = **No pasa nada/Da igual**
Fare bella/brutta figura = **Quedar bien/mal**
Fare benzina = **Echar gasolina**
Fare paura = **Dar miedo**
Fare tardi = **Estar atrasado/Tardar**

DARE
DAR

Come hai notato, non tutte le espressioni italiane con "fare" vogliono il verbo **hacer**. In molti casi devi servirti del verbo **dar**. Vediamone alcune.

Dar una vuelta = Fare un giro
Dar un paseo = Fare una passeggiata
Dar clase = Fare lezione
Dar la vuelta al mundo = Fare il giro del mondo

Dar è molto usato anche nel senso di "provocare una sensazione". Eccoti alcune espressioni utili:

Me da sueño = Mi fa dormire
Me da vergüenza = Mi fa vergognare
Me da rabia = Mi fa arrabbiare
Me da risa = Mi fa ridere
Me da miedo = Mi fa paura
Me da asco = Mi fa schifo
Me da lástima/pena = Mi fa pena/tristezza

Dar è un verbo irregolare alla prima persona singolare e si coniuga così:

	DAR
YO	**DOY**
TÚ	**DAS**
ÉL, ELLA, USTED	**DA**
NOSOTROS (AS)	**DAMOS**
VOSOTROS (AS)	**DAIS**
ELLOS (AS), USTEDES	**DAN**

ESERCIZIO 14

Ora passiamo alla pratica. Eccoti alcune frasi da tradurre usando **hacer** e **dar**. **¡Vamos!**

1 Cosa fai? Perché non facciamo un giro?

....

2 No. Fa freddo.

....

3 Non facciamo mai niente. Mi fa arrabbiare.

4 Faccio un caffè.

5 Mi fa schifo. Io faccio le valigie.

6 Non fa niente (non importa).

"Fatto" in spagnolo si dice **hecho** e ha due usi, proprio come in italiano.

El hecho es que...
Il fatto è che...
Me he hecho daño.
Mi sono fatto male.

¡OJO!

Fai attenzione a non confonderlo con **echo** (butto, verso, getto, mando via):

Echo agua a las plantas.
Do acqua alle piante.
Echo a mi marido de casa.
Butto mio marito fuori di casa.

I VERBI
LOS VERBOS

Ora che conosci il verbo essere e il verbo fare sei già a buon punto. Per riuscire a cavartela in una conversazione base, però, non bastano. Alla fine di questo

capitolo sarai capace di descrivere parecchie azioni al presente. Non farti prendere dal panico: vedrai, è facile e divertente.
I verbi regolari si dividono in tre gruppi a seconda di come finiscono. Le desinenze sono uguali all'italiano, basta togliere la E finale: **-AR**, **-ER**, **-IR**.

-AR	-ER	-IR
AMAR Amare	**BEBER** Bere	**VIVIR** Vivere
ESTUDIAR Studiare	**COMER** Mangiare	**ESCRIBIR** Scrivere
HABLAR Parlare	**LEER** Leggere	**ABRIR** Aprire
VIAJAR Viaggiare	**CORRER** Correre	**DISCUTIR** Discutere
BAILAR Ballare	**COMPRENDER** Capire	**APLAUDIR** Applaudire

IL PRESENTE
EL PRESENTE

Quando e come usare il presente? La risposta è: funziona esattamente come in italiano. Anche se pensi di non sapere le regole, le metti in pratica automaticamente. Con lo spagnolo devi fare lo stesso. Eccoti solo un piccolo aiuto per rinfrescare la memoria.

Puoi usare il presente per descrivere *un'azione che avviene in questo preciso momento*:

> **¿Qué haces?**
> Che cosa fai?
> **¿No lo ves? Estudio español.**
> Non vedi? Studio spagnolo.

Oppure puoi usarlo per riferirti ad *azioni molto imminenti nel futuro*:

Te llamo el domingo.
Ti chiamo domenica.
En agosto me voy a las Canarias.
Ad agosto vado alle Canarie.

Spesso si usa anche per descrivere *azioni abituali*:

Los domingos trabajo y los lunes descanso.
Le domeniche lavoro e i lunedì mi riposo.
Hablo poco y como mucho.
Parlo poco e mangio molto.

Ma anche *verità inconfutabili*:

Pablo Picasso nace en Málaga en 1881.
Pablo Picasso nasce a Málaga nel 1881.
John Peter Sloan nace en Birmingham en 1982.

NOTA EDITORIALE
La Casa Editrice declina ogni responsabilità per le bugie espresse da John sulla sua età e prega di continuare a ignorarlo.

Ora che sai quando usarlo, vediamo anche come.

	AMAR	COMER	VIVIR
YO	AM**O**	COM**O**	VIV**O**
TÚ	AM**AS**	COM**ES**	VIV**ES**
ÉL, ELLA, USTED	AM**A**	COM**E**	VIV**E**
NOSOTROS (AS)	AM**AMOS**	COM**EMOS**	VIV**IMOS**
VOSOTROS (AS)	AM**ÁIS**	COM**ÉIS**	VIV**ÍS**
ELLOS (AS), USTEDES	AM**AN**	COM**EN**	VIV**EN**

Prima di continuare... due piccoli trucchetti che possono esserti utili. Guarda le lettere in grassetto: che cosa vedi?

La prima persona è sempre uguale per tutte e tre le coniugazioni e finisce sempre con la **O** (am**o**, com**o**, viv**o**).

La seconda e la terza coniugazione sono praticamente uguali: cambiano solo la prima e la seconda persona plurale (com**e**mos, viv**i**mos; com**éi**s, viv**í**s).

Facile, no?

Non dimenticarti di accentare **tú** e **él**: come potresti aver già visto nella **sezione EeE 1 – Acentos**, un accento in più o in meno può cambiare il significato della parola. In particolare, fai attenzione a:

Tú = Tu (pronome personale)

Tu = Tuo (aggettivo possessivo)

Tu nombre dice quién eres tú.

Il tuo nome dice chi sei tu.

Él = Lui (pronome personale)

El = Il (articolo)

Él lee el periódico.

Lui legge il giornale.

Eccoti alcune frasi per cominciare a familiarizzare un po' con i verbi.

- **Hablar** = Parlare

  Hablo poco, como todas las mujeres.

  Parlo poco, come tutte le donne.

  Él no habla nunca.

  Lui non parla mai.

- **Beber** = Bere

  Nosotros no bebemos vino.

  Noi non beviamo vino.

  Ellos no beben cerveza.

  Loro non bevono birra.

• **Subir** = Salire

Nosotras subimos montañas.

Noi scaliamo montagne.

Vosotros subís sólo las escaleras.

Voi salite solo le scale.

La lingua spagnola ha molti verbi irregolari. Potrai trovarne alcuni nella **sezione EeE** in fondo al libro.

EeE 9 **Verbos**

ESERCIZIO 15

Prova a tradurre queste frasi. Le soluzioni sono come sempre in fondo al libro (tu però non sbirciare).

1 Sonia come como su gato.

....

2 ¿Hablas español? No comprendo. Yo hablo sólo chino.

....

3 Marcos y sus padres corren al baño.

....

4 Mi familia y yo vivimos en la Luna.

....

5 Lavo los platos todos (*tutti*) los meses.

....

ESERCIZIO 16

Ora completa le frasi coniugando il verbo fra parentesi:

Alex (**hablar**) HABLA muy despacio.

1 Yo (**amar**) ______ a mi gato.

2 Mi gato (**leer**) ______ libros de filosofía.

3 Mi gato y yo (**beber**) ______ vino y (**cocinar**) ______ platos chinos.

4 Mis amigos (**comer**) ______ con mi gato.

5 Nosotros (**bailar**) ______ mucho y (**discutir**) ______ poco.

6 Vosotros no (**hablar**) ______ con mi gato.

Vosotros (**mirar**) ______ y (**aplaudir**) ______ .

AZIONI QUOTIDIANE

ACCIONES HABITUALES

Ora che sai coniugare i verbi, sei pronto per imparare alcune delle azioni che svolgi quotidianamente. Molte vogliono la forma riflessiva, come in italiano:

Me despierto = Mi sveglio
Me levanto = Mi alzo
Me ducho = Faccio la doccia
Me lavo la cara/los dientes = Mi lavo la faccia/i denti
Me miro en el espejo = Mi guardo allo specchio
Me peino = Mi pettino
Me arreglo = Mi preparo

Me maquillo = Mi trucco
Me visto = Mi vesto
Me relajo = Mi rilasso
Me pongo el pijama = Mi metto il pigiama
Me acuesto = Vado a letto
Me duermo = Mi addormento

Altre invece non vogliono la forma riflessiva, proprio come in italiano:

Desayuno = Faccio colazione
Salgo de casa = Esco di casa
Voy al trabajo = Vado al lavoro
Como = Pranzo/Mangio
Practico deporte = Faccio sport
Vuelvo a casa = Torno a casa
Veo la tele = Guardo la tv
Ceno = Ceno

LA FORMA RIFLESSIVA
LA FORMA REFLEXIVA

Soffermiamoci un minuto sulla forma riflessiva. Per te che sei italiano è un gioco da ragazzi (se stai sbuffando, pensa a cosa dev'essere per un inglese di Birmingham o per un cinese di Hong Kong). Basta saper usare bene i verbi e aggiungere all'inizio due paroline magiche meglio note come *pronomi*.
Seguici e ripeti le paroline che vedi per quattro volte, come una filastrocca. Sei pronto?

YO **ME**
TÚ **TE**
ÉL/ELLA/USTED **SE**
NOSOTROS (AS) **NOS**
VOSOTROS (AS) **OS**
ELLOS/ELLAS/USTEDES **SE**

Ora non ti resta che aggiungere il verbo, ovviamente alla persona giusta. Probabilmente ti starai chiedendo: "Ma come faccio a sapere quali verbi sono riflessivi e quali no? Devo saperli tutti a memoria?". Ovviamente no. Per questo esistono fior fior di vocabolari: ti basta sapere che i verbi riflessivi li trovi indicati con la particella **SE** in fondo:

Levantarse = Alzarsi
Lavarse = Lavarsi
Acostarse = Andare a dormire

e via dicendo.

ESERCIZIO 17

Sei pronto per fare un po' di pratica? Rispondi alle domande usando il verbo (e il pronome) riflessivo quando necessario.

¿A qué hora te levantas?

ME LEVANTO A LAS OCHO DE LA MAÑANA

1 ¿A qué hora desayunas?

....

2 ¿A qué hora vas al trabajo?

....

3 ¿A qué hora practicas deporte?

....

4 ¿A qué hora cenas?

....

5 ¿A qué hora te acuestas?

....

QUESTO, QUELLO
ESTO, ESO, AQUELLO

Esto = questo, ciò. È un pronome, cioè non è mai seguito da un sostantivo, e si usa per parlare o chiedere informazioni su qualcosa di generico. È sinonimo di "questa cosa".

> **¡No soporto esto!**
> Non sopporto questa cosa!
> **¿Por qué me haces esto?**
> Perché mi fai questo?
> **¿Qué es esto?**
> Che cos'è questo?

Usi **esto** solo per parlare di cose generiche, mai di persone. Quando invece vuoi riferirti a qualcosa o a qualcuno in particolare, dici così:

PRONOME	AGGETTIVO
ÉSTE questo (*pronome*, con l'accento)	**ESTE** questo (*aggettivo*, senza accento)
ES è	**NOVIO** fidanzato
MI il mio	**ES** è
NOVIO fidanzato	**MÍO** mio

Usi **éste** (con l'accento) o **este** (senza accento) per parlare di qualcosa che si trova vicino a te. Vale anche per il femminile.

PRONOME	AGGETTIVO
ÉSTA questa (*pronome*, con l'accento)	**ESTA** questa (*aggettivo*, senza accento)
ES è	**CERVEZA** birra
MI la mia	**ES** è
CERVEZA birra	**MÍA** mia

Per il plurale usi **éstos** o **estos** (al maschile) e **éstas** o **estas** (al femminile).

Éstos son mis novios.
Estos novios son míos.
Éstas son mis cervezas.
Estas cervezas son mías.

Eso = quello, ciò. È il cugino di **esto** ma senza la **T**: lo usi per parlare o chiedere informazioni su qualcosa di generico che si trova lontano da te.

¿Qué es eso?
Che cos'è quello, quella cosa?
¿Eso? No sé.
Quello? Non so.

Per parlare di qualcosa o di qualcuno in particolare che si trova lontano da te ma vicino a chi ascolta, invece, dici:

PRONOME	AGGETTIVO
ÉSE quello (*pronome*, con l'accento)	**ESE** quel, quello (*aggettivo*, senza accento)
ES è	**PERRO** cane
MI il mio	**ES** è
PERRO cane	**MÍO** mio

PRONOME	AGGETTIVO
ÉSA quella (*pronome*, con l'accento)	**ESA** quella (*aggettivo*, senza accento)
ES è	**CERVEZA** birra
MI la mia	**ES** è
CERVEZA birra	**MÍA** mia

Per il plurale usi **ésos** o **esos** (al maschile) e **ésas** o **esas** (al femminile).

Ésos son mis perros.
Esos perros son míos.
Ésas son mis cervezas.
Esas cervezas son mías.

Quando la cosa di cui parli è lontana da te e da chi ti ascolta usi:

Aquel, **aquella** (singolare)
Aquellos, **aquellas** (plurale)
¿Te acuerdas de aquel libro?
Ti ricordi di quel libro?
Quiero aquella muñeca.
Voglio quella bambola.
Aquellos papagayos cantan todo el día.
Quei pappagalli cantano tutto il giorno.
Aquéllas son mis amigas.
Quelle sono le mie amiche.

ESERCIZIO 18

Guarda le immagini e scegli l'aggettivo o il pronome giusto per ognuna:

.... es mi pulsera. ¡.................................... es mi novio!

.... es mi casa.

¡.................................. vestido es mío!

PASO

CINCO

¿SER O NO SER?

ESSERE O NON ESSERE?

Forma interrogativa e negativa

Esercizio 19

Tu o lei?

Esercizio 20

I colori

Qualche avverbio di luogo

C'è, ci sono

La frutta

Esercizio 21

Esercizio 22

¿Hay o Está/n?

Esercizio 23

Esercizio 24

5

PASO CINCO

¿SER O NO SER?

FORMA INTERROGATIVA E NEGATIVA
FORMA INTERROGATIVA Y NEGATIVA

Come hai già visto, riconoscere una domanda in spagnolo è facilissimo perché è sempre preceduta dal punto di domanda all'inizio della frase.

Tú eres italiano.
Tu sei italiano. (Stanno affermando che sei italiano.)
¿Tú eres italiano?
Tu sei italiano? (Ti stanno facendo una domanda.)

Nelle frasi più complesse vale sempre la stessa regola:

Tú eres napolitano, ¿verdad? ¿Desde cuánto tiempo vives en Milán?
Tu sei napoletano, vero? Da quanto tempo vivi a Milano?

Qui la domanda comincia a metà, ma il punto di domanda capovolto ti permette di cambiare intonazione senza dover per forza arrivare alla fine della frase, che può essere molto lunga. Bello, no?

David es rico, joven e inteligente, ¿será también simpático?
David è ricco, giovane e intelligente, sarà anche simpatico?

Se la risposta è no, basta aggiungere un **no** alla frase. Il **no** *va sempre prima del verbo.*

David es rico, joven e inteligente, pero no es simpático.
David è ricco, giovane e intelligente, ma non è simpatico.
David no es rico ni* joven ni inteligente, y además no es simpático.
David non è né ricco né giovane né intelligente, e per di più non è simpatico.

***Ni** = Né

ESERCIZIO 19

Riscrivi le frasi alla forma interrogativa e negativa:

1 **Alicia baila en el baño todos los sábados.**

FORMA INTERROGATIVA ....

FORMA NEGATIVA ....

2 **Conchita vive en el coche de Paco.**

FORMA INTERROGATIVA ....

FORMA NEGATIVA ....

3 El español es un idioma fácil.

FORMA INTERROGATIVA ....

FORMA NEGATIVA ....

4 John Peter Sloan sabe hablar español.

FORMA INTERROGATIVA ....

FORMA NEGATIVA ....

TU O LEI?
¿TÚ O USTED?

Abbiamo già visto che in spagnolo puoi dare del tu (**tú**) o del lei (**usted**), proprio come in italiano.
Ora stai per leggere un dialogo tra due persone che non si conoscono e dovrebbero darsi del lei. Fin dall'inizio, però, la signora si prende qualche confidenza e i due finiscono a parlare come se si conoscessero da una vita.

In uno studio medico. Un dottore giovane di fronte a una paziente anziana.

DOTTORE Buongiorno, **lei** come **si chiama**?
ROSA PÉREZ Rosa Pérez.
DOTTORE Quanti anni **ha**?

ROSA PÉREZ Ma come **ti permetti**, razza di insolente? Non si chiede l'età a una signora!

DOTTORE Signora, mi serve per compilare la **sua** cartella medica.

ROSA PÉREZ Ah... 93.

DOTTORE Allora Doña Rosa, come **si sente**?

ROSA PÉREZ Sono sola e stanca.

DOTTORE Anch'io!

ROSA PÉREZ Povero caro... Come **ti** chiami?

DOTTORE Dottor Mendoza, ma per **lei** solo Paco.

ROSA PÉREZ Paco, caro, **dammi** pure del tu.

DOTTORE Dimmi Rosa, come vanno i **tuoi** occhi?

ROSA PÉREZ Bene. Perché me lo **chiedi**?

DOTTORE Perché **stai** parlando con la lampada.

ROSA PÉREZ Ah, **scusami**. Gli occhi comunque vanno bene, sono solo ubriaca.

DOTTORE Allora perché **sei** qui?

ROSA PÉREZ Sto aspettando la pizza.

DOTTORE **Guarda** che questa è una clinica.

ROSA PÉREZ Vabbè, **te** l'avevo detto che sono ubriaca.

ESERCIZIO 20

Traduci queste frasi:

borracho (ubriaco); **cansado** (stanco); **enamorado** (innamorato); **lámpara** (lampada)

1 Rosa está borracha y cansada.

....

2 El doctor no es una lámpara.

....

3 Rosa tiene 93 años y el doctor está muy solo.

....

4 Rosa y el doctor están en una clínica.

....

5 Rosa y el doctor están enamorados.

....

Ora rispondi a queste domande per esteso (non vale rispondere solo sì o no).

6 ¿Rosa es joven y está loca?

....

7 ¿El doctor está borracho?

....

8 ¿Rosa es una lámpara?

....

9 ¿El doctor está enamorado de Rosa?

....

10 ¿Esta historia es tonta?

....

I COLORI
LOS COLORES

Rojo rosso, **verde** verde, **negro** nero: è vero, non serve un genio per capire i colori in spagnolo. Ma se ti diciamo **azul**, tu a cosa pensi? Attento, non tutto è come sembra!

COLORE	COLOR	PRONUNCIA
Nero	**NEGRO**	NEGRO
Bianco	**BLANCO**	BLANCO
Grigio	**GRIS**	GRIS
Marrone	**MARRÓN**	MAÓN
Blu	**AZUL**	ATHUL
Azzurro	**CELESTE**	THELESTE
Rosso	**ROJO**	ROO
Giallo	**AMARILLO**	AMARIO
Viola	**VIOLETA**	VBIOLETA
Verde	**VERDE**	VBERDE
Arancione	**NARANJA**	NARANA
Rosa	**ROSA**	ROSA

QUALCHE AVVERBIO DI LUOGO

ADVERBIOS DE LUGAR

Dolores è innamorata di John e pur di conquistarlo ha deciso di seguirlo dappertutto. Riuscirà la nostra povera eroina a conseguire il suo scopo?

CERCA
Vicino

LEJOS
Lontano

ENCIMA/SOBRE
Sopra

DEBAJO
Sotto

ALREDEDOR
Intorno

ENTRE
Tra

DELANTE
Davanti

DETRÁS
Dietro

DENTRO
Dentro

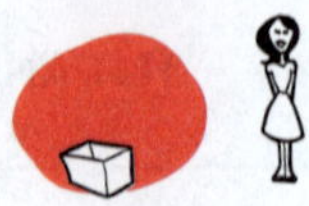

FUERA
Fuori

C'È, CI SONO
HAY

"C'è" e "ci sono" in spagnolo hanno una sola traduzione: **hay**. No, non devi fare distinzioni: sia che tu parli di una cosa o di molte cose, devi sempre usare **hay**. Facile, vero? Eccoti alcuni esempi:

¿Cuántos pasajeros hay en el avión?
Quanti passeggeri ci sono sull'aereo?
En Italia hay pocos niños.
In Italia ci sono pochi bambini.
Hay dos monedas en tu bolsillo.
Ci sono due monete nella tua tasca.
No hay nada* que hacer.
Non c'è niente da fare.
No hay nadie en casa.**
Non c'è nessuno in casa.

¡OJO!

***Nada** = Niente
****Nadie** = Nessuno

LA FRUTTA
LA FRUTA

Eccoti i nomi di alcuni frutti che ti serviranno per il prossimo esercizio, dove potrai esercitarti con gli avverbi che hai appena imparato.

Plátano = Banana
Melocotón = Pesca
Melón = Melone
Piña = Ananas
Manzana = Mela
Fresa = Fragola
Cereza = Ciliegia
Naranja = Arancia
Pera = Pera
Sandía = Anguria
Higo = Fico
Kiwi = Kiwi

ESERCIZIO 21

Adesso tocca a te. Completa le frasi mettendo in pratica tutto quello che hai imparato finora (c'è e ci sono, singolare e plurale, frutta, colori e avverbi di luogo). Ricordati che i colori hanno anche la forma plurale, proprio come in italiano. Dovrai usare l'immaginazione, visto che John Peter Sloan ha preso tutti i colori per il suo libro e ci ha lasciato solo il rosso e il nero...

1 HAY TRES MELOCOTONES ROJOS DENTRO DE LA BARRIGA DEL OSO

2 .... Piedad y Remedios.

3 .... de la mesa.

4 .... de John.

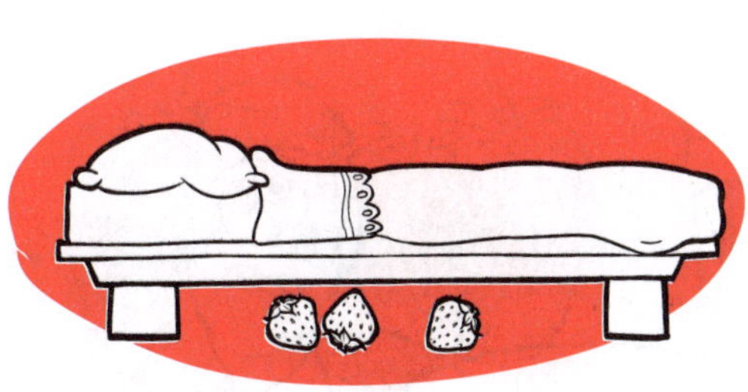

5 .... de la cama.

Esta canción es del año de la pera.
Questa canzone è vecchia come il cucco.
No puedes pedir peras al olmo.
Non puoi cavare sangue da una rapa.

ESERCIZIO 22

Adesso immagina una melodia di violino, delle onde che si infrangono sugli scogli e la dolce voce di una donna... Traduci le frasi aiutandoti con le parole che vedi fra parentesi.

1. Se (**Si**) tu sei lontano non c'è niente...

   ....

2. Il frigo (**frigorífico**) è vuoto (**vacío**), non c'è nessuno nel letto (**en la cama**)...

   ....

3. Non ci sono uccelli (**pájaros**), non ci sono fiori (**flores**), non ci sono parole (**palabras**)...

   ....

4. Ci sono solo lacrime (**lágrimas**)...

   ....

¿HAY O ESTÁ/N?

Ora che conosci il verbo **estar** e il verbo **hay**, può darsi che tu abbia le idee un po' confuse. Quando usare l'uno e quando usare l'altro?

HAY	ESTÁ/N
Hay = c'è, ci sono È un verbo impersonale e lo usi soltanto per dire che c'è qualcosa o qualcuno (la sua esistenza).	**Está** = è, si trova **Están** = sono, si trovano Lo usi per indicare dove si trova qualcosa o qualcuno (la sua collocazione).
Encima de la mesa hay una taza. Sul tavolo c'è una tazza. **Debajo de mi casa hay un bar.** Sotto casa mia c'è un bar. **En mi casa no hay nadie.** A casa mia non c'è nessuno.	**La taza está* encima de la mesa.** La tazza è sul tavolo. **El bar está* debajo de mi casa.** Il bar è sotto casa mia. **Todos están** afuera.** Sono tutti fuori.
Hay non cambia mai al singolare o al plurale.	 *Per il singolare usi **está** **Per il plurale usi **están**

A proposito di **hay** o **estar**... Ti ricordi il tormentone di qualche anno fa?

ESERCIZIO 23

¿Hay, está o están? Scegli la risposta giusta.

sopa (zuppa); **conejo** (coniglio); **cama** (letto); **pasillo** (corridoio)

1 **Camarero, ¡ ________ una mosca en mi sopa!**
2 **¿Dónde ________ el conejo?**
3 **París ________ en Francia.**
4 **En Francia ________ muchos franceses.**
5 **En mi cama no ________ nadie.**
6 **Mi marido ________ en la calle.**

¡OJO!

Quasi tutti gli studenti di spagnolo rinunciano proprio adesso perché cominciano a perdere qualche pezzo. Ricordati che stiamo rompendo il ghiaccio e che, quando entrerai in acqua, lo spagnolo non sarà soltanto bello ma anche divertente.
Facciamo un test per capire a che punto sei. Se traduci esattamente 15 delle 20 frasi, vai avanti. Se hai meno di 15 frasi giuste torna indietro, fai un ripasso e non ti preoccupare: ognuno procede secondo il proprio passo. Rileggendo per la seconda volta, tutto sarà più facile e veloce.
¿Estás listo? ¡Vamos!

Allora spegni la radio, la televisione, il cellulare... indossa il tuo sombrero e concentrati!

ESERCIZIO 24
MEGA TEST

Sei pronto ad affrontare questo primo grande test? Prima di cominciare ti regaliamo due nuove espressioni.

Pues bien/Entonces = Si usa per cambiare argomento: in italiano si può tradurre con "bene", "allora".

¡Anda! = Esclamazione che denota sorpresa: corrisponde all'italiano "ma va'!".

I protagonisti sono il francese Alain Delon (A) e la signorina Gertrude (G) di origini tedesche. Non occorre che tu traduca i nostri commenti fra parentesi...

porque (perché); **tal vez** (forse); **romántico/a** (romantico/a); **guapo** (bello); **noche** (notte); **¡bebe!** (bevi!); **hermano** (fratello)

1 A: Ciao!

2 G: Buongiorno.

3 A: Sei molto bella! Come ti chiami?

4 G: Gertrude, sono tedesca e sono annoiata, e tu?

5 A: Mi chiamo Alain Delon, sono vecchio, felice e sono francese. (*Se era annoiata prima, chissà adesso!*)

6 G: Ma va'! Che ore sono, per favore?

---

7 A: C'è il sole!

---

8 G: Bene! Che ore sono, per favore?

---

9 A: Sono le due.

---

10 G: Grazie.

---

11 A: Sei molto magra. Hai fame? (*Certo che i francesi ci sanno fare con le donne...*)

---

12 G: No, grazie Alain, sono solo annoiata. (*A questo punto, anche noi lo siamo.*)

---

13 A: Oh, Gertrude, io sono matto e ubriaco ma ti amo.

---

14 G: Sei molto romantico e sei bello... ma sei francese. Mi dispiace.

---

15 A: Tu non sei ubriaca. Bevi, bevi!

---

16 G: Che caldo e che vento! La notte è così (**tan**) romantica... Dov'è tuo fratello?

---

17 *A:* I miei (**Mis**) due fratelli non ci sono perché sono tristi e stanchi.

....

18 *G:* Io non sono ubriaca e non sono stupida, non sono tedesca e non sono una donna.

....

19 *A:* E cosa sei?

....

20 *G:* Sono solo annoiata.

....

Bravo. In spagnolo questo aggettivo indica qualcosa di "selvaggio" e "feroce" e si usa prevalentemente per gli animali.
Il **toro bravo**, per esempio, non è un bovino particolarmente buono o bravo a fare qualcosa. D'istinto forse lo tradurresti così, ma significa esattamente il contrario: "toro feroce".
¡Bravo! si utilizza anche come esclamazione di plauso. Per esempio, ora che sei arrivato in fondo al capitolo, te lo meriti proprio: **¡Bravo!**

PASO

SEIS

TENGO FAMILIA

LA FAMIGLIA

6

PASO SEIS

TENGO FAMILIA

LA FAMIGLIA
LA FAMILIA

Dime qué familia tienes y te diré quién eres: dimmi che famiglia hai e ti dirò chi sei. Non vale solo in Italia, ma anche in Spagna, dove i legami fra parenti sono sullo stretto andante (non come in Inghilterra).

NOTA EDITORIALE
La Casa Editrice porge le sue scuse più sentite alla signora Sloan, madre di John...

Da chi è formata la famiglia? Cominciamo dai familiari più stretti.
Il **padre** e la **madre**, che fra loro sono **marido** e **mujer**, possono avere un **hijo** (figlio), una **hija** (figlia) o vari **hijos** (figli). Questi **hijos** fra loro sono **hermanos** (fratelli) (se sono tutte femmine ovviamente dirai **hermanas**).
A casa, generalmente, ci sono anche **el abuelo** (nonno) e **la abuela** (nonna), **el tío** (zio), **la tía** (zia) e i loro figli, cioè i **primos** (cugini).

Primo non significa "primo" in senso numerico, ma "cugino".

Padres non significa soltanto "padri", ma anche "genitori" (tutti e due): **mi padre y mi madre son mis padres**.

Se ancora non ne hai avuto abbastanza di tutti questi nomi, vai alla **sezione EeE** che trovi in fondo al libro per approfondire la questione.

Familia

***Novio/novia** = Fidanzato/fidanzata
Sobrino/sobrina = Nipote (di zii)
Nieto/nieta = Nipote (di nonni)

*A volte (se si è fortunati) anche loro fanno parte della famiglia.

ESERCIZIO 25

Adesso prova a tradurre le frasi che vedi e a indovinare chi sta parlando.

Mis padres tienen un hijo muy inteligente.

I MIEI GENITORI HANNO UN FIGLIO MOLTO INTELLIGENTE.

1 **Mi hermana tiene un hermano muy guapo.**

....

2 **Mis tíos tienen un sobrino muy famoso.**

....

3 Mis primos tienen un primo que es un genio.

....

4 Mi abuela tiene un nieto muy joven.

....

5 Mi novia Concy tiene un novio muy inglés.

....

ESERCIZIO 26

Ora completa le frasi con un aggettivo (se non lo sai cerca sul vocabolario).

1 Mi padre es ....

2 Mi madre es ....

3 Mi hermana es ....

4 Mi hermano es ....

5 Mi hijo es ....

6 Mi hija es ....

7 Mi marido es ....

8 Mi ex novio es ....

9 Mi esposa es ....

10 Mi ex novia es ....

ALLORA DEVO SAPERE COME SI DICE "È SEMPRE QUI!"
PER IL NUMERO 9 E "È SEMPRE BUONA"
PER IL NUMERO 10.

AGGETTIVI POSSESSIVI
ADJETIVOS POSESIVOS

Per indicare il possesso di cose, animali o persone devi usare gli aggettivi possessivi. Come in italiano, concordano per genere e numero con il sostantivo. Con una differenza: possono cambiare a seconda che precedano o seguano il nome a cui si riferiscono. Vediamoli.

- **Aggettivi possessivi atoni**
  Vanno sempre davanti al nome.

PERSONA	SINGOLARE	PLURALE
YO	**MI**	**MIS**
TÚ	**TU**	**TUS**
ÉL, ELLA, USTED	**SU**	**SUS**
NOSOTROS (AS)	**NUESTRO (A)**	**NUESTROS (AS)**
VOSOTROS (AS)	**VUESTRO (A)**	**VUESTROS (AS)**
ELLOS (AS), USTEDES	**SU**	**SUS**

Mi padre es viejo.
Mio padre è vecchio.
Tus padres son jóvenes.
I tuoi genitori sono giovani.
Su novio es mi tío.
Il suo fidanzato è mio zio.
Nuestra tía está loca.
Nostra zia è pazza.
Vuestros nietos son insoportables.
I vostri nipoti sono insopportabili.
Sus hijos también.
I loro figli anche.

ESERCIZIO 27

Traduci le seguenti frasi usando l'aggettivo possessivo corretto e scegliendo fra **ser** e **estar** (ti regaliamo qualche parola per completare l'attività):

calcetín (calza); **sucio** (sporco); **abierto** (aperto); **botella** (bottiglia); **llena** (piena); **celosa** (gelosa)

1 I miei amici sono pazzi.

....

2 Le sue calze sono sporche.

....

3 I nostri libri sono aperti.

....

4 I tuoi figli sono vecchi.

....

5 Le vostre bottiglie sono piene.

....

6 I loro nonni sono insopportabili.

....

7 La mia ex fidanzata è gelosa.

....

8 Le mie nuove fidanzate no.

....

- **Aggettivi possessivi tonici (o forti)**

  Vanno sempre dietro al nome. Rispetto ai primi, servono per enfatizzare l'idea di possesso.

PERSONA	SINGOLARE	PLURALE
YO	**MÍO**	**MÍOS**
TÚ	**TUYO**	**TUYOS**
ÉL, ELLA, USTED	**SUYO**	**SUYOS**
NOSOTROS (AS)	**NUESTRO (A)**	**NUESTROS (AS)**
VOSOTROS (AS)	**VUESTRO (A)**	**VUESTROS (AS)**
ELLOS (AS), USTEDES	**SUYO (A)**	**SUYOS (AS)**

John no es amigo mío.
John non è amico mio.
No soporto ese novio tuyo.
Quel tuo fidanzato non lo sopporto.
Salimos con dos primas suyas.
Usciamo con due sue cugine.
Un tío nuestro vive en el manicomio.
Un nostro zio vive in manicomio.
John es amigo vuestro.
John è amico vostro.
Son hijos suyos.
Sono figli loro.

ALLA FINE DI CHI SONO AMIGO IO? PERÒ CHE BELLO CHE IN SPAGNOLO "ZIO" È SOLO PER IL FRATELLO DI MAMMA O PAPÀ! QUI IN ITALIA ADESSO MI CHIAMANO TUTTI "ZIO"! PERSINO MIS AMIGOS.

ESERCIZIO 28

Traduci le seguenti frasi utilizzando l'aggettivo possessivo corretto. Eccoti anche qui un piccolo aiuto:

perro (cane); **quién** (chi)

1 Quel tuo cane non mi piace.

____

2 Quel cane non è mio.

____

3 E di chi è?

____

4 È di Juan.

____

5 E chi è Juan?

____

6 È un amico nostro.

____

ANIMALI DOMESTICI

MASCOTAS

Per molta gente gli *animali domestici* sono un membro in più della famiglia. Possiamo arrivare al punto di farci leccare la faccia dal nostro cane, dormire abbracciati al nostro gatto o portare in giro al guinzaglio il coniglio o anche il

pappagallo... Che tu sia o meno un amante degli animali, prova a imparare il nome di questi nostri amici. **¡Aquí los tienes!** (Eccoli!)
Ricordati di ascoltare i contenuti audio online per perfezionare la pronuncia.

Gato = Gatto
Perro = Cane
Pájaro = Uccello
Pajarito = Uccellino
Pez = Pesce
Caballo = Cavallo
Hámster = Criceto
Tortuga = Tartaruga
Conejo = Coniglio
Burro = Asino

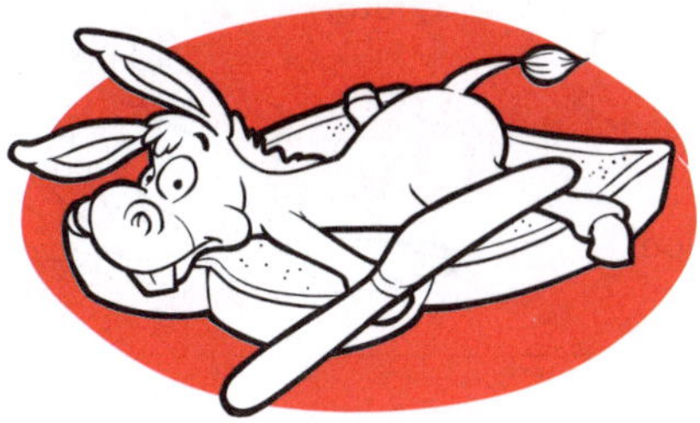

NOTA EDITORIALE
Nessun animale è stato maltrattato per realizzare questo disegno.

Burro in spagnolo significa "asino", non "burro". Attento a non chiedere "pan con burro" a colazione, non sia mai che decidano di deliziarti con qualche paté tipico... Se ami le colazioni tradizionali, "burro" in spagnolo si dice **mantequilla**.

Perro ladrador, poco mordedor.
Can che abbaia non morde.
Aquí hay gato encerrado.
Qui gatta ci cova.

Ecco altri animali meno domestici...

Serpiente = Serpente
Cerdo = Maiale
Ardilla = Scoiattolo
Tigre = Tigre
Papagayo/loro* = Pappagallo
Rana = Rana
Camaleón = Camaleonte

¡OJO!

***Loro** è soltanto il pappagallo. Per dire "loro" nel senso di essi o esse, usa sempre e solo **ellos** o **ellas**.

AVERE
TENER

Eccoti arrivato a uno dei verbi più importanti in spagnolo. È un verbo che assume funzioni e significati differenti a seconda del contesto in cui è usato, ma principalmente corrisponde all'italiano "avere". Vediamo per prima cosa come si coniuga. **¡Cuidado, es un verbo irregular!** (Attenzione, è un verbo irregolare!)

	ESPAÑOL	ITALIANO
YO	**TENGO**	**IO HO**
TÚ	**TIENES**	**TU HAI**
ÉL, ELLA, USTED	**TIENE**	**LUI HA**
NOSOTROS (AS)	**TENEMOS**	**NOI ABBIAMO**
VOSOTROS (AS)	**TENÉIS**	**VOI AVETE**
ELLOS (AS), USTEDES	**TIENEN**	**LORO HANNO**

• Usi **tener** per riferirti a qualcosa che hai o possiedi (sia in senso astratto che materiale).

Tengo un coche rojo fuego.
Ho un'auto rosso fuoco.

Ella tiene una sonrisa preciosa.
Lei ha un sorriso bellissimo.
Tienes mi palabra de honor.
Hai la mia parola d'onore.
Tienes dos amigas encantadoras.
Hai due amiche incantevoli.
El domingo tenemos una fiesta.
Domenica abbiamo una festa.
No tengo noticias suyas.
Non ho sue notizie.

- Lo usi per riferirti all'età, a caratteristiche e sensazioni fisiche o psicologiche.

Susana tiene cinco años.
Susana ha cinque anni.
Susana tiene el pelo rubio.
Susana ha i capelli biondi.
Susana tiene dolor de cabeza.
Susana ha mal di testa.
Susana tiene miedo.
Susana ha paura.
Susana tiene atractivo.
Susana ha fascino.

Eccoti alcune delle espressioni più frequenti con **tener**.

- **Sensazioni fisiche**

Tener hambre = Avere fame
Tener sed= Avere sete
Tener frío = Avere freddo
Tener calor = Avere caldo
Tener sueño = Avere sonno
Tener gripe = Avere l'influenza
Tener dolor de... = Avere mal di...
cabeza = testa
espalda* = schiena

estómago = stomaco
oído = orecchie
muelas = denti

Queste ultime due espressioni (**oído** e **muelas**) si usano solo quando hai male. Per dire "orecchie" e "denti" normalmente dici **orejas** e **dientes**.

***Espalda** significa "schiena", non "spalla". Se vuoi parlare delle spalle devi dire "hombros" (al maschile).

- **Altre espressioni**

  Tener confianza = avere fiducia
  Tener cuidado = fare attenzione
  Tener la culpa = avere la colpa
  Tener miedo = aver paura
  Tener prisa = avere fretta
  Tener razón = avere ragione
  Tener suerte = avere fortuna

E ora un'espressione idiomatica in spagnolo che non ti sarà difficile capire, essendo identica all'italiano:

No tener pelos en la lengua.
Non avere peli sulla lingua, cioè dire le cose come stanno senza troppi giri di parole.

Un'altra espressione che ti tornerà utilissima è **tener ganas**, "avere voglia". Si usa esattamente come in italiano, aggiungendo il nome o il verbo all'infinito dopo la preposizione **de**.

Tengo ganas de dormir.
Ho voglia di dormire.
Tengo ganas de salir*.
Ho voglia di uscire.

Per dire la stessa cosa o che ti va di fare qualcosa puoi usare anche **me apetece**.

Me apetece una pizza.
Ho voglia di una pizza.
¿Te apetece ir al cine?
Ti va di andare al cinema?
No me apetece cocinar.
Non ho voglia di cucinare.

***Salir** significa "uscire", non "salire". "Salire" in spagnolo si dice **subir**. Non dimenticarlo! Potrebbe tornarti utile al primo appuntamento con il ragazzo o la ragazza che ti piace.

ESERCIZIO 29

Completa le frasi con l'espressione adeguata di **tener**, come nell'esempio.

Ho dormito male nelle ultime notti.

TENGO SUEÑO.

1 C'è un fantasma in casa.

....

2 Ho vinto alla lotteria.

....

3 Corro sempre per andare al lavoro.

....

4 È inverno e vivo in Alaska.

....

5 Ieri ho fatto tardi e ho bevuto troppo.

....

ESERCIZIO 30

Adesso traduci scegliendo la persona corretta del verbo.

1 Ho fame, ho sonno e sono triste e solo.

....

2 Loro hanno paura e hanno voglia di gridare (**gritar**).

....

3 Tu hai fretta e se corri hai mal di schiena.

....

4 Noi abbiamo mal di denti ma non abbiamo peli sulla lingua.

....

5 Avete ragione ma non avete fortuna.

....

6 Lei ha fascino e ha l'influenza.

....

IL VOLTO
LA CARA

E ora iniziamo a conoscere i nomi di alcune parti del volto. Guarda l'immagine di John e ascolta i contenuti audio per sentire come si pronunciano.

John tiene las orejas grandísimas (cuando hace viento, a veces sale volando como un avión). Su nariz también es excesivamente grande y su boca es pequeña, con unos labios finos. Sus dientes son muy blancos, parecen falsos. Sus ojos... sí, tiene ojos, y los pocos pelos que le quedan en la cabeza son casi todos blancos.
(Se ami il calcio potresti innamorarti all'istante della silhouette di quest'uomo.)

Ringraziamo John di aver sacrificato la sua immagine per consentirci di imparare qualche vocabolo.

ESERCIZIO 31

Completa il disegno inserendo i vocaboli giusti negli spazi vuoti.
Orejas, nariz, boca, labios, dientes, ojos, pelo, cabeza

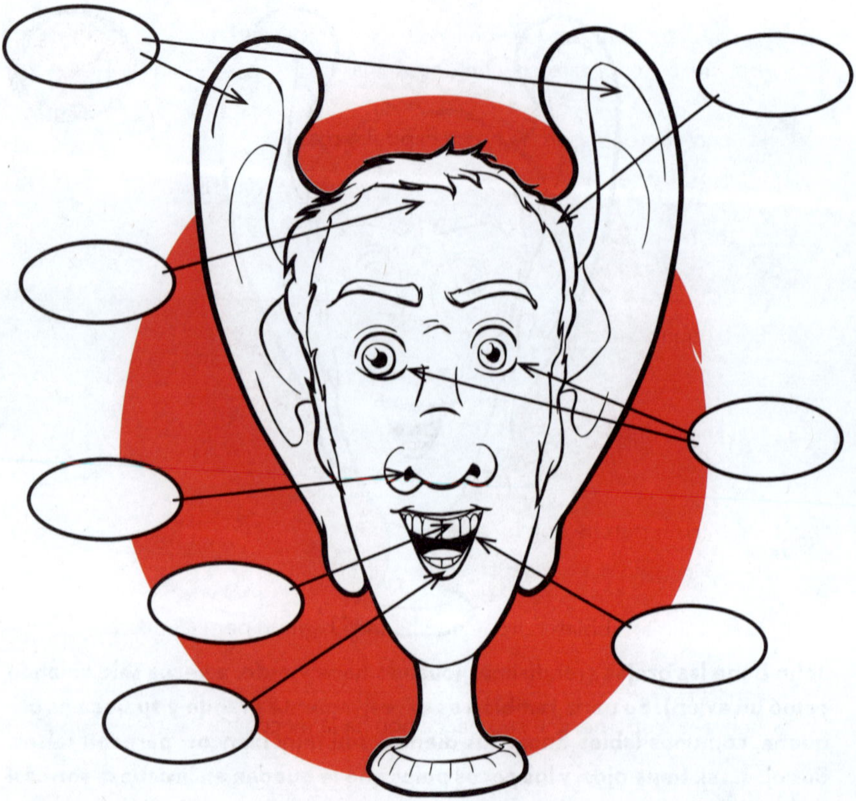

Per conoscere altre parti del volto vai alla **sezione EeE** in fondo al libro.

EeE 11 **Partes de la cara**

ESERCIZIO 32

Traduci le frasi con la forma corretta di **tener**. Per aiutarti ti regaliamo qualche parola nuova.

sombrero (cappello); **pelo** (capelli); **dinero** (soldi); **entradas** (biglietti); **para** (per); **concierto** (concerto); **coche** (macchina)

1 Io sono contento perché ho un cappello rosso.

....

2 Io non ho capelli.

....

3 Loro hanno tanto lavoro e sono felici.

....

4 Hai voglia di salire?

....

5 Lui è triste perché non ha soldi.

....

6 Loro sono arrabbiati perché non hanno i biglietti per il concerto.

....

7 Lei va di fretta perché suo padre non ha la macchina.

....

8 Ho tanta fortuna perché sono con te.

....

DOVERE
TENER QUE

Puoi usare **tener** anche per parlare di un obbligo. In questo caso la forma è **tener que** seguita dall'azione che devi compiere all'infinito.

	TENER QUE	
YO	**TENGO**	**QUE + INFINITO**
TÚ	**TIENES**	
ÉL, ELLA, USTED	**TIENE**	
NOSOTROS (AS)	**TENEMOS**	
VOSOTROS (AS)	**TENÉIS**	
ELLOS (AS), USTEDES	**TIENEN**	

Può indicare:

- un obbligo imposto da circostanze esterne o necessità personali

  Tienes que estudiar para el examen.
  Devi studiare per l'esame.

- suggerimenti o raccomandazioni

  Tienes que comer más fruta.
  Devi mangiare più frutta.

- una conclusione logica

  No está en casa. Tiene que haber salido.
  Non è in casa. Dev'essere uscito.

ESERCIZIO 33

María e Juan hanno parecchie cose da fare. Usa la formula d'obbligo **tener que + infinito**, come nell'esempio.

Mañana María y Juan tienen un examen → estudiar.

MARÍA Y JUAN TIENEN QUE ESTUDIAR.

1 Mañana se van de viaje → hacer las maletas (*valigie*).

....

2 No tienen comida en el frigorífico (*frigorifero*) → hacer la compra.

....

3 Tienen un cumpleaños el viernes → comprar un regalo.

....

4 El sábado van al cine → elegir la película (*scegliere il film*).

....

5 Su casa está sucia → limpiar (*pulire*) la casa.

....

¡Qué rollo! Espressione che si utilizza anche per dire che qualcuno o qualcosa è pesante, noioso o fastidioso. Può essere tradotto con "che barba" o "che rottura" (per restare sull'educato).

ANIMALI
ANIMALES

Per aiutarti a fare il prossimo esercizio torniamo a parlare di animali. Ecco un'altra lista di vocaboli bestiali.

Abeja = Ape
Caballo = Cavallo
Cabra = Capra
Camello = Cammello
Cocodrilo = Coccodrillo
Conejo = Coniglio
Delfín = Delfino
Gallina = Gallina
León = Leone
Lobo = Lupo
Mono = Scimmia (che non vuol dire che sta sempre da sola)
Oso = Orso
Oveja = Pecora
Pato = Anatra
Pollo = Pollo
Tiburón = Squalo
Toro = Toro
Vaca = Mucca

ESERCIZIO 34

Adesso andiamo a trovare i cugini di campagna. Sono quattro, fanno i contadini e hanno ciascuno la sua fattoria. Di solito amano trascorrere le loro giornate lavorando e cantando canzoni in falsetto. A volte litigano perché sono molto competitivi e vogliono essere sempre i primi. Prova a tradurre la loro conversazione.

¿y qué? (e con questo?); **ganar** (vincere); **¿en serio?** (davvero?); **incluida** (compresa); **no te olvides** (non dimenticarti); **igual** (uguale); **la misma** (la stessa)

Álvaro (**A**), Carlos (**C**), Miguel (**M**), Javier (**J**).

A Hey! Io ho due capre e due mucche. E tu?

....

C Io ho tre maiali, cinque tori e un nuovo cane. E con questo?

....

A Lo dico perché loro ne hanno molti.

....

M Buuuh! Loro hanno solo animali vecchi. Io ho 13 polli e 70 api.

....

J Davvero? Io ho 17 cavalli bianchi e una piccola scimmia senza banane!

....

M Hey! Non dimenticarti! Io ho anche 40 cammelli, compresa mia moglie.

....

A Sì, ma io ho una moglie e un coccodrillo; hanno la stessa bocca.

....

J I miei conigli neri sono bellissimi e le mie pecore sono così simpatiche...

A No, tu non hai conigli neri né pecore simpatiche.

J Perché?

A Chiedi (**Pregúntale**) al mio nuovo lupo.

Forse non ti sei accorto di quanta strada hai fatto per arrivare fin qui. Metà del lavoro ormai è alle tue spalle. Se hai lasciato qualche pezzo per strada tranquillo, è normale. Se è così, però, è ora di tornare indietro a recuperarlo.

A caballo regalado no le mires el diente.
A caval donato non si guarda in bocca.
Camarón que se duerme se lo lleva la corriente.
Chi dorme non piglia pesci.

PASO

SIETE

GEMELLANDIA

Sentire e ascoltare

Formule di cortesia

Esercizio 35

Al ristorante

Esercizio 36

Andare e venire

Esercizio 37

¿De o desde?

Esercizio 38

Portare

Esercizio 39

Chiedere

Esercizio 40

Per

Esercizio 41

Ma

7

PASO SIETE

GEMELLANDIA

Ora che abbiamo rotto il ghiaccio sei pronto per tuffarti anima e corpo nella lingua spagnola. In questo capitolo imparerai alcune coppie di verbi ed espressioni fondamentali: in molti casi si tratta di gemelli diversi, verbi che in italiano significano la stessa cosa ma che in spagnolo hanno usi e significati ben distinti. Sei pronto? **¡Vamos!**

SENTIRE E ASCOLTARE
OÍR Y ESCUCHAR

In spagnolo, come in molte altre lingue, c'è una grande differenza tra sentire (**oír**) e ascoltare (**escuchar**). Per esempio, nel Mega test della prima parte, Alain Delon sente parlare Gertrude ma non la ascolta (e sospettiamo non sia il solo uomo a fare così...).
Oír significa sentire con l'udito ed è un'azione che compi involontariamente. **Escuchar** indica uno sforzo volontario di ascoltare facendo attenzione a ciò che senti. In un certo senso potremmo dire che per **oír** bastano le orecchie, mentre per **escuchar** serve concentrazione.
Oír è un verbo irregolare. Per sapere come si coniuga, vai alla **sezione EeE** che trovi in fondo al libro.

Verbos

Ecco qualche esempio:

Oigo unas voces en mi cuarto.
Sento delle voci nella mia stanza.

¡No te oigo!
Non ti sento!
Me gusta escucharte cuando hablas.
Mi piace ascoltarti quando parli.
Escucho a la profesora solo cuando me apetece, el resto del tiempo sólo la oigo.
Ascolto la prof. solo quando mi va, il resto del tempo la sento e basta.

FORMULE DI CORTESIA
EXPRESIONES DE CORTESÍA

Prima di cominciare, vediamo alcune formule di cortesia che possono tornarti utili in una conversazione.

- **Por favor**

Lo usi per fare una richiesta, sia all'inizio sia alla fine della frase, proprio come in italiano.

¿Me pasas la sal por favor?
Mi passi il sale per favore?
Por favor, ¿me pasas la sal?
Per favore, mi passi il sale?

Lo usi anche per invitare qualcuno a servirsi, a sedersi, a passare o ad accomodarsi. Per esempio, se sei sull'autobus e sale una signora anziana, la fai accomodare dicendo: **Por favor, señora** ("Prego, signora").

• **Gracias**
Equivale esattamente al "grazie" italiano (per come e quando usarlo ci affidiamo alla tua buona educazione).

• **De nada/no hay de qué**
È la risposta più comune al **gracias** ed è l'equivalente di "prego", "di niente", "non c'è di che".

> **Gracias por tu ayuda.**
> Grazie per l'aiuto.
> **De nada/no hay de qué.**
> Prego/di niente.

Per scusarti, invece, puoi dire:

Perdona o **disculpa** (TÚ)	**Perdone** o **disculpe** (USTED)
Quando conosci la persona o in situazioni informali.	In situazioni formali, quando dai del lei a qualcuno.
Perdona/disculpa, no puedo llamarte hoy. Scusa John, oggi non posso chiamarti.	**Perdone/disculpe, olvida su recibo.** Scusi, dimentica lo scontrino.

Come hai già visto, un altro modo per chiedere scusa è **lo siento** (mi dispiace).

¡OJO! Il verbo **sentir** è un vero amico, ma solo a metà. Come in italiano, anche in spagnolo indica una sensazione fisica o psicologica, ma mai l'atto di sentire un suono con l'udito. In questo caso dici sempre e solo **oír**.

NOTA EDITORIALE

La Casa Editrice chiede formalmente scusa a John, che per una volta ha detto una cosa sensata. **¡Disculpa, John!**

ESERCIZIO 35

Scegli la formula di cortesia più adeguata a ciascuna di queste situazioni. Fai attenzione al verbo e prova a capire se è alla seconda (**tú**) o alla terza persona (**usted**).

1 Sei al supermercato. C'è tantissima gente e involontariamente pesti il piede a un signore.

.... **señor.**

2 Sei per strada e hai bisogno di sapere l'ora.

...., **¿tiene hora?**

3 Sei a cena con un amico e gli chiedi di passarti il pane.

...., **¿me pasas el pan?**

4 Qualcuno ti invita a una cena di compleanno, però a te non va di andarci e inventi una delle mille scuse che si usano in questi casi.

...., **pero tengo que darle de comer al perro** (devo dar da mangiare al cane). .... **por la invitación.**

Adesso, per proseguire, ci servono dei nuovi vocaboli. Con quali cominciamo? Di solito, un italiano che arriva in un nuovo paese pensa subito al cibo. (Non preoccuparti, la pasta la lasciamo perdere. Sapevi che molti spagnoli buttano uno spaghetto contro il muro per sapere se è cotto? Non è necessario che aggiungiamo altro...)

AL RISTORANTE
EN EL RESTAURANTE

Eccoti un menu che potrebbe capitarti di trovare in Spagna.

PRIMER PLATO	SEGUNDO PLATO	POSTRE	BEBIDAS
Gazpacho	Pollo	Arroz con leche	Vino blanco/tinto
Patatas aliñadas	Tortilla de patatas	Flan de huevo	Cerveza
Ensalada mixta	Pescado frito	Tarta de chocolate	Agua con/sin gas
Croquetas de jamón	Empanada de atún	Crema catalana	

E ora ecco una conversazione che potrebbe capitarti di sentire fra un **camarero** (C) e **dos clientes** (A e B).

C **Buenas noches*, ¿qué desean [ustedes]?**
Buonasera, i signori desiderano?

A **Buenas noches, para mí un gazpacho y de segundo una empanada de atún, por favor.**
Buonasera, per me un gazpacho e di secondo una torta salata al tonno, per favore.

C **Muy bien, ¿y para usted, señora?**
Benissimo, e per lei signora?

B **Para mí una ensalada mixta y una tortilla de patatas, por favor.**
Per me un'insalata mista e una frittata di patate, per favore.

C **¿Y de beber, qué desean?**
E da bere, cosa desiderano?

A **Una botella de vino tinto, gracias.**
Una bottiglia di vino rosso, grazie.

C **¿El postre lo eligen después**, verdad?**
Il dolce lo scegliete dopo, vero?

B **Sí, por favor.**
Sì, per favore.

C **Muy bien, gracias.**
Benissimo, grazie.

A **A usted.**
A lei.

***Buenas noches**: puoi dire anche **buenas tardes**, ma considerato che gli spagnoli non si siedono mai a tavola a un'ora decente (le 21 sono ancora un'ora decente), è più appropriato **buenas noches**.

****Después** = Dopo / **Antes** = Prima

ESERCIZIO 36

Adesso prova a fare un'ordinazione al **camarero** scegliendo fra altri piatti del menu.

C **Buenas tardes, ¿qué desea beber?**

....

C **Muy bien, ¿y para empezar qué le apetece?** (E per cominciare cosa desidera?)

....

C De acuerdo, ¿y de segundo?

C Estupendo. ¿Desea algo más?

C Muy bien, que aproveche*.

***Que aproveche/buen provecho** = Buon appetito.
Per un breve elenco di vocaboli legati al cibo, consulta la **sezione EeE** in fondo al libro.

EeE 12 **Comida**

ANDARE E VENIRE

IR Y VENIR

Ir (andare) e **venir** (venire) sono i due principali verbi di movimento.

¿Adónde vas?
Dove vai?
Voy al restaurante.
Vado al ristorante.
Quieres venir?
Vuoi venire?

Sono due verbi irregolari e si coniugano così:

	IR	VENIR
YO	**VOY**	**VENGO**
TÚ	**VAS**	**VIENES**
ÉL, ELLA, USTED	**VA**	**VIENE**
NOSOTROS (AS)	**VAMOS**	**VENIMOS**
VOSOTROS (AS)	**VAIS**	**VENÍS**
ELLOS (AS), USTEDES	**VAN**	**VIENEN**

La differenza tra i due è facile, non c'è bisogno che te la spieghiamo. In spagnolo, però, non funziona sempre come in italiano: a volte si comportano come dei falsi amici, altre invece no.
Per esempio, quando parli con un amico, è normale che tu dica: "Posso venire a casa tua?" anche se tecnicamente non ci sei, a casa sua. In spagnolo no. Se nel momento in cui stai parlando non ti trovi a casa sua, devi per forza dirgli:

¿Puedo ir a tu casa?

Posso andare a casa tua?

¡OJO! In spagnolo, per decidere se usare **ir** o **venir**, devi prendere sempre come punto di riferimento la persona che sta parlando.

"Antonio, puoi **venire** in cucina?"
La madre si trova in cucina ed è lei a parlare (è lei il punto di riferimento). Verbo usato: **venir**.

"Sì mamma, **vengo** subito".
Antonio è in camera sua e deve andare in cucina (è lui il punto di riferimento).
Verbo usato: **ir**.

Eccoti qualche esempio per chiarirti le idee:

¿Vamos a mi casa?
Andiamo a casa mia? (Siamo fuori e ti invito a venire con me a casa mia).
¿Vienes a mi casa?
Vieni a casa mia? (Io sono già a casa mia e ti sto invitando a venire).
¿Vas a mi casa?
Vai a casa mia? (Io non sono a casa e ti chiedo se ci stai andando tu).
¿Voy a tu casa?
Vengo a casa tua? (Ti sto chiedendo se vuoi che venga a casa tua).

Andar significa "camminare".
Yo voy = Io vado
Yo ando = Io cammino

ESERCIZIO 37

Scegli l'opzione giusta tra **ir** e **venir**.

1 Voy a casa: ¿quieres **venir / ir** conmigo?
(Vado a casa: vuoi venire con me?)

2 ¿Puedes **ir / venir** aquí un momento, por favor?
(Puoi venire qui un momento, per favore?)

3 Ahora estoy en China. El domingo **voy / vengo** a tu casa.
(Adesso sono in Cina. Domenica vengo a casa tua.)

4 Ahora estoy en la playa. **Voy / Vengo** a la playa todos los domingos.
(Adesso sono in spiaggia. Vengo in spiaggia tutte le domeniche.)

5 ¿Qué haces? ¿**Vienes / Vas** con María o te **vienes / vas** conmigo?
(Che fai? Vai con Maria o vieni con me?)

¿DE O DESDE?

Ora che conosci i verbi **ir** e **venir**, sei pronto per imparare qualche preposizione. Come abbiamo visto, **de** generalmente equivale all'italiano "di":

Soy de Roma.
Sono di Roma.
Estas gafas son de mi hermana.
Questi occhiali sono di mia sorella.
El pan es de hoy.
Il pane è di oggi.

Con i verbi di movimento, **de** può significare anche "da". Indica un passaggio da un luogo all'altro o da un momento all'altro e si accompagna sempre alla preposizione **a**.

Voy de Roma a París.
Vado da Roma a Parigi.
Trabajo de lunes a viernes.
Lavoro dal lunedì al venerdì.

Anche **desde** significa “da”, ma sottolinea di più il luogo o il momento in cui ha origine l’azione.

Desde mi ventana se ve la playa.
Dalla mia finestra si vede la spiaggia.
Tengo fiebre desde ayer.
Ho la febbre da ieri.
Te llamo desde Alemania.
Ti chiamo dalla Germania.
Te espero desde las 8.
Ti aspetto dalle 8.

ESERCIZIO 38

Completa le frasi con **de** o **desde**.

1 **Éste es mi libro .... español.**

2 **John estudia español .... domingo a lunes.**

3 **................................ mi casa veo las montañas.**

4 **¿Tienes el periódico .... ayer?**

5 **Estoy en la cafetería .... las 6.**

¡OJO!

Quando non ti riferisci a un momento preciso ma a un periodo di tempo o a una durata, usi l’espressione **desde hace**.

No lo veo desde hace siglos.
Non lo vedo da secoli.
¿Desde hace cuánto tiempo vives en Italia?
Da quanto tempo vivi in Italia?
¿Desde cuándo vives en Italia?
Da quando vivi in Italia?

PORTARE
LLEVAR Y TRAER

I verbi **llevar** e **traer** sono due gemelli diversi: hanno lo stesso significato in italiano (portare), ma si usano in contesti e situazioni differenti.
Per prima cosa vediamo come si coniugano:

	LLEVAR	TRAER
YO	**LLEVO**	**TRAIGO**
TÚ	**LLEVAS**	**TRAES**
ÉL, ELLA, USTED	**LLEVA**	**TRAE**
NOSOTROS (AS)	**LLEVAMOS**	**TRAEMOS**
VOSOTROS (AS)	**LLEVÁIS**	**TRAÉIS**
ELLOS (AS), USTEDES	**LLEVAN**	**TRAEN**

Come per i verbi **ir** e **venir**, anche qui il punto di riferimento è sempre soltanto chi parla. **Llevar** significa "portare qualcuno o qualcosa lontano da chi parla". Sottintende sempre l'avverbio "là" (**allí**).

¿Te llevo al trabajo?
Ti porto al lavoro?
¿Le llevas tú las llaves a Piedad?
Porti tu le chiavi a Piedad?

Traer significa "portare qualcuno o qualcosa verso chi parla". Sottintende sempre l'avverbio "qui" (**aquí**).

¿Me traes las llaves?
Mi porti le chiavi?

Piedad me lleva al trabajo y me trae de vuelta a casa.
Mi porta al lavoro e mi riporta a casa.

ESERCIZIO 39

Adesso tocca a te. Scegli l'opzione giusta fra **llevar** e **traer**.

1 (Sei a casa) John, ¿**traes / llevas** tú a los niños al colegio?
(John, porti tu i bambini a scuola?)

2 (Sei in camera) John, ¿me **llevas / traes** la falda que está en la sala?
(John, mi porti la gonna che è in sala?)

3 (Sei a casa) Es mejor **traerse / llevarse** el paraguas porque va a llover.
(È meglio portarsi l'ombrello perché sta per piovere.)

4 (Sei al ristorante) Camarero, ¿nos **trae / lleva** dos cafés, por favor?
(Cameriere, ci porta due caffè, per favore?)

5 (Sei sul pianeta Terra) Amor, me **traes / llevas** a la luna, por favor?
(Amore, mi porti sulla luna, per favore?)

CHIEDERE

PREGUNTAR Y PEDIR

Un'altra coppia di verbi che potrebbe darti qualche difficoltà è quella **preguntar/pedir**, che in italiano si traducono entrambi con "chiedere". Meglio chiarire subito come funzionano: in spagnolo, infatti, si usano in modi e contesti diversi.

¡Vamos! I verbi si coniugano così:

	PREGUNTAR	PEDIR
YO	**PREGUNTO**	**PIDO**
TÚ	**PREGUNTAS**	**PIDES**
ÉL, ELLA, USTED	**PREGUNTA**	**PIDE**
NOSOTROS (AS)	**PREGUNTAMOS**	**PEDIMOS**
VOSOTROS (AS)	**PREGUNTÁIS**	**PEDÍS**
ELLOS (AS), USTEDES	**PREGUNTAN**	**PIDEN**

Preguntar significa "chiedere per sapere". Lo usi per fare domande e chiedere informazioni su qualcosa o qualcuno.

Preguntar la hora = Chiedere l'ora
Preguntar algo = Chiedere qualcosa
Preguntar por qué = Chiedere perché
Preguntar por alguien = Chiedere di qualcuno
Preguntar la edad = Chiedere l'età

Pedir significa "chiedere per ottenere". Lo usi quando ti serve qualcosa.

Pedir un favor = Chiedere un favore
Pedir un consejo = Chiedere un consiglio
Pedir disculpas = Chiedere scusa
Pedir ayuda = Chiedere aiuto
Pedir permiso = Chiedere il permesso (di fare qualcosa)
Pedir una información = Chiedere un'informazione
Pedir una botella de vino = Ordinare una bottiglia di vino
Pedir un número de teléfono = Chiedere un numero di telefono

ESERCIZIO 40

Vediamo se hai capito quando usare **preguntar** e quando **pedir**. Completa gli spazi con il verbo giusto e coniugalo nella forma corretta.

1 **Te** ____________ **un consejo.** (Ti chiedo un consiglio.)

2 **Me** ____________ **la hora.** (Mi chiedi l'ora.)

3 **Me** ____________ **disculpas.** (Mi chiede scusa.)

4 **Te** ____________ **por qué lo haces.** (Ti chiedono perché lo fai.)

5 **Te doy lo que me** ____________**.** (Ti do quello che mi chiedi.)

6 **¿Te puedo** ____________ **por qué?** (Ti posso chiedere perché?)

7 **¡Hombre*, me** ____________ **lo imposible!** (Accidenti, mi chiedete l'impossibile!)

***Hombre**, oltre che "uomo", è un'espressione molto frequente in Spagna e significa "caspita", "dai", "accidenti". Si usa per esprimere sorpresa o fastidio.

¡Hombre! ¡Cuánto tiempo sin verte!
Caspita, quanto tempo che non ci vediamo!
¡Hombre, déjame en paz!
Dai, lasciami in pace!

PER

POR Y PARA

Insieme ai verbi **ser** e **estar**, le preposizioni **por** e **para** sono un altro tormentone di chi inizia a studiare lo spagnolo. In italiano significano entrambe "per", e il problema è proprio questo: quando usare una e quando l'altra? Vediamo.

Usi **por**:

- per indicare una causa

  Cerrado por vacaciones.
  Chiuso per ferie.
  Gracias por tu ayuda.
  Grazie per il tuo aiuto.
  Llego siempre tarde por el tráfico.
  Arrivo sempre tardi per il traffico.
  Engorda por falta de ejercicio.
  Ingrassa per mancanza di esercizio.

- con le espressioni di tempo

  Por ahora.
  Per adesso.
  Por la mañana, por la tarde, por la noche.
  La mattina, il pomeriggio, la sera.
  Por dos días.
  Per due giorni.
  Me voy de vacaciones por dos semanas.
  Vado in vacanza per due settimane.
  Me gusta tomar un café por la mañana.
  Mi piace bere un caffè al mattino.
  Nos vemos mañana por la tarde.
  Ci vediamo domani pomeriggio.

• per indicare il mezzo con cui si compie un'azione

Hablamos por teléfono.
Ci sentiamo al telefono.
Te mando el regalo por correo.
Ti mando il regalo per posta.

• quando ti riferisci a un luogo

Damos una vuelta por el centro.
Facciamo un giro in centro.
Mañana paso por Milán.
Domani passo da Milano.

• per contrattare sul prezzo o uno scambio

Te doy 20 euros por el collar.
Ti do 20 euro per la collana.

Usi **para**:

• per indicare uno scopo

Estudio para aprender.
Studio per imparare.
Me arreglo para salir.
Mi preparo per uscire.
Para hacer la tarta sirven dos huevos.
Per fare la torta servono due uova.

• per indicare il destinatario di un'azione

Este libro es para ti.
Questo libro è per te.

• per riferirti a una scadenza

Mi ensayo es para el viernes.
Il mio saggio è per venerdì.
El mío es para mañana por la mañana.
Il mio è per domani mattina.

ESERCIZIO 41

¿Para o por? Completa le frasi con l'opzione corretta.

1 **Paso ____________ Madrid ____________ ir a Milán.**

2 **Gracias ____________ tu llamada.**

3 **Todos los días vamos a pasear ____________ el parque.**

4 **Este ejercicio es ____________ mañana.**

5 **El niño no duerme ____________ la noche.**

6 **Voy a la playa ____________ nadar** (nuotare).

7 **Siempre me escribe ____________ e-mail.**

8 **Ese regalo es ____________ ti.**

9 **Me voy de Londres** (Me ne vado da Londra) **____________ la lluvia.**

10 **Te compro tu teléfono ____________ 100 euros.**

MA

PERO Y SINO

"Sì, però", "sì, ma...": quando devi esprimere due idee contrastanti nella stessa frase, devi usare **pero** e **sino**. Come avrai capito significano entrambi "ma", però si usano in due contesti diversi.

Usi **pero** quando vuoi esprimere due idee contrastanti ma la seconda parte della frase non nega direttamente la prima.

> **Hace frío, pero bajo el sol no se está mal.**
> Fa freddo, però al sole non si sta male.
> **Estoy ocupado, pero te escucho.**
> Sono occupato ma ti ascolto.

Usi **sino** quando la seconda parte della frase nega e corregge la prima (come con l'italiano "bensì").

> **No bailo salsa sino merengue.**
> Non ballo la salsa, bensì il merengue.
> **Fernando no es guapo, sino atractivo.**
> Fernando non è bello ma attraente.

PASO

OCHO

CÓMO, DÓNDE, CUÁNDO

COME, DOVE, QUANDO — PREPOSIZIONI

Dove sei?

Dove vivi?

Esercizio 42

Dove vai?

Da dove vieni?

Esercizio 43

Quando?

Esercizio 44

Come?

Esercizio 45

Stare + gerundio

Esercizio 46

8

PASO OCHO

CÓMO, DÓNDE, CUÁNDO PREPOSIZIONI

Strada facendo ci è capitato di incontrare alcune preposizioni che adesso vedremo più nel dettaglio. Per non complicarci la vita, cominceremo dalle più usate collegandole ai verbi che già conosci. **¿Estás listo? ¡Vamos!**

DOVE SEI?
¿DÓNDE ESTÁS?

Estoy en **casa** (a casa)
la cama (a letto)
la calle (per strada)
Madrid (a Madrid)
España (in Spagna)

En indica lo stato in luogo, ovvero la presenza di qualcosa o qualcuno in un luogo preciso. Lo usi per i luoghi geografici (paesi, città, continenti), ma anche per le stanze della casa, i luoghi pubblici e i mezzi di trasporto. Spesso lo trovi insieme al verbo **estar**.

Juan está en Australia.
Juan è in Australia.
Juan está en el parque.
Juan è al parco.
Juan está en la cocina.
Juan è in cucina.

Juan está en el cine.
Juan è al cinema.
Juan está en el tren.
Juan è sul treno.

EN + EL = **EN EL** **En el tren.**	EN + LOS = **EN LOS** **En los Andes.**
EN + LA = **EN LA** **En la cocina.**	EN + LAS = **EN LAS** **En las Canarias.**

DOVE VIVI?
¿DÓNDE VIVES?

En si accompagna anche al verbo **vivir** (vivere). A differenza dell'italiano, si usa sia per le città sia per i paesi.

Vivo en Buenos Aires.
Vivo a Buenos Aires.
Vivo en Argentina.
Vivo in Argentina.

Vivir è un verbo regolare.

	VIVIR
YO	**VIVO**
TÚ	**VIVES**
ÉL, ELLA, USTED	**VIVE**
NOSOTROS (AS)	**VIVIMOS**
VOSOTROS (AS)	**VIVÍS**
ELLOS (AS), USTEDES	**VIVEN**

¡Qué bien vives!
Come te la spassi!
Vivir al día.
Vivere alla giornata.
Vivir para ver.
Chi vivrà vedrà.

Eccoti i nomi di alcune città. Per esercitarti nella pronuncia, non dimenticarti di ascoltare i contenuti audio.

Ciudades italianas

ITALIANO	SPAGNOLO	PRONUNCIA
Roma	**ROMA**	ROMA
Milano	**MILÁN**	MILÁN
Firenze	**FLORENCIA**	FLORENTHIA
Bologna	**BOLONIA**	VBOLONIA
Napoli	**NÁPOLES**	NÁPOLES
Torino	**TURÍN**	TURÍN
Venezia	**VENECIA**	VBENETHIA

Otras ciudades

ITALIANO	SPAGNOLO	PRONUNCIA
Madrid	**MADRID**	MADRID
Siviglia	**SEVILLA**	
Lima	**LIMA**	LIMA
Buenos Aires	**BUENOS AIRES**	BUENOS AIRES
Londra	**LONDRES**	LONDRES
Parigi	**PARÍS**	PARÍS
Berlino	**BERLÍN**	BERLÍN
Atene	**ATENAS**	ATENAS
Dublino	**DUBLÍN**	DUBLÍN
Lisbona	**LISBOA**	LISBOA

Ti sei mai chiesto perché nessuno va a Sevilla? Adesso lo sai... Come fai a prendere il biglietto se nessuno riesce a pronunciarlo?! Nobody!

ESERCIZIO 42

Riempi gli spazi con la forma corretta del verbo **vivir**, poi traduci:

1 ______ en Milán, pero soy de Birmingham.

____

2 Mi abuelo ______ en Atenas con su novia. Está enamorado.

____

3 ¿Tú ______ en Florencia? Muchos amigos míos ______ allí.

____

4 Nosotros ______ en Venecia, ¿y tú dónde ______?

____

5 Vosotros ______ en Lisboa. ¿Sois felices?

____

DOVE VAI?
¿ADÓNDE VAS?

Voy a casa (a casa)
la cama (a letto)
la calle (in strada)
Madrid (a Madrid)
España (in Spagna)

A indica il luogo in cui sei diretto. Si usa per i luoghi geografici (paesi, città, continenti) ma anche per le stanze della casa e i luoghi pubblici. Spesso lo trovi insieme al verbo **ir**.

Voy al parque con mi perrito.
Vado al parco con il mio cagnolino.
Voy a la cocina con mi marido.
Vado in cucina con mio marito.
Voy a la piscina con mis peces.
Vado in piscina con i miei pesci.

¡OJO!

A differenza dell'italiano, **a** si usa sia per le città sia per i paesi.

Voy a Roma con mi gran amor.
Vado a Roma con il mio grande amore.
Voy a Italia con mi amigo Pablo.
Vado in Italia con il mio amico Pablo.

A + EL = **AL** **Al restaurante.**	A + LOS = **A LOS** **A los Estados Unidos.**
A + LA = **A LA** **A la piscina.**	A + LAS = **A LAS** **A Las Palmas.**

Usi **a** anche per dare indicazioni su come raggiungere un luogo.

Tienes que girar a la derecha y llegar al semáforo.
Devi girare a destra e arrivare al semaforo.

Hacia è un'altra preposizione che trovi spesso insieme al verbo **ir**. Corrisponde all'italiano "verso" e indica la direzione in cui ti muovi.

Voy hacia **tu casa** (verso casa tua)
el parque (verso il parco)
el centro (verso il centro)

Voy hacia tu casa, espérame abajo.
Vengo verso casa tua, aspettami giù.

Usi **hacia** anche con le espressioni **adelante** (avanti) o **atrás** (indietro).

El elefante camina hacia adelante.
L'elefante cammina in avanti.
El cangrejo camina hacia atrás.
Il granchio cammina all'indietro.

HACIA + EL = **HACIA EL** **Hacia el parque.**	HACIA + LOS = **HACIA LOS** **Hacia los edificios.**
HACIA + LA = **HACIA LA** **Hacia la escuela.**	HACIA + LAS = **HACIA LAS** **Hacia las montañas.**

DA DOVE VIENI?
¿DE DÓNDE VIENES?

Vengo de **la oficina*** (dall'ufficio)
afuera (da fuori)
Chile (dal Cile)
la playa (dalla spiaggia)

***Oficina** in spagnolo significa "ufficio" ed è una parola femminile (**la oficina**). L'officina dove porti a riparare la macchina si chiama **taller** (**el taller**, maschile).

De indica il luogo da cui arrivi e corrisponde all'italiano "da". Si usa spesso insieme al verbo **venir**.

Vengo de lejos.
Vengo da lontano
Vengo de Chile.
Arrivo dal Cile (sono appena stato in Cile).
Soy de Chile.
Vengo dal Cile (sono cileno).

DE + EL = **DEL** **Del supermercado.**	DE + LOS = **DE LOS** **De los Estados Unidos.**
DE + LA = **DE LA** **De la farmacia.**	DE + LAS = **DE LAS** **De Las Palmas.**

ESERCIZIO 43

Traduci le frasi (per aiutarti ti regaliamo qualche nuova parola):

cama (letto); **gimnasio** (palestra); **tren** (treno); **piso** (piano); **piscina** (piscina); **supermercado** (supermercato)

1 Lui viene (arriva) dagli Stati Uniti.

....

2 Io sono a letto con il suo amico.

....

3 I miei nonni vanno in palestra tutte le domeniche.

....

4 Noi viviamo al sesto piano.

....

5 Vado a scuola con mio figlio in treno.

....

6 Vai al lavoro in macchina?

....

7 Pedro va verso casa.

....

8 Andiamo in piscina perché abbiamo caldo.

....

9 Arrivo dal supermercato e vado a letto.

....

QUANDO?
¿CUÁNDO?

Le preposizioni che hai appena visto si usano anche con le espressioni temporali (ogni volta che vuoi rispondere alla domanda "quando"?).
En lo usi per riferirti a festività, mesi, anni o stagioni.

Nos vemos en Navidad.
Ci vediamo a Natale.
Nos vemos en agosto.
Ci vediamo ad agosto.
Nos vemos en verano.
Ci vediamo in estate.
Nos vemos en 2040.
Ci vediamo nel 2040.

Puoi usarlo anche per indicare una scadenza (come gli italiani "fra" o "entro").

Termina tu trabajo en tres días.
Finisci il tuo lavoro in/entro tre giorni.
Nos vemos en tres días.
Ci vediamo fra tre giorni.
Nos vemos en un par de siglos.
Ci vediamo fra un paio di secoli.

Quando ti riferisci a una durata, come negli esempi che hai appena visto, puoi usare anche l'espressione **dentro de**:

Nos vemos dentro de tres días.
Ci vediamo fra tre giorni.
Nos vemos dentro de un par de siglos.
Ci vediamo fra un paio di secoli.

A lo usi per indicare un'ora precisa.

La tienda cierra a las ocho.
Il negozio chiude alle otto.
Nos vemos a las 7.
Ci vediamo alle 7.
Me levanto a la hora de la comida.
Mi alzo all'ora di pranzo.

Hacia lo usi per indicare un momento approssimativo (proprio come il "verso" italiano)

La tienda cierra hacia las ocho.
Il negozio chiude verso le otto.
Nos vemos hacia las 7.
Ci vediamo verso le 7.
Me levanto hacia la hora de la comida.
Mi alzo verso l'ora di pranzo.

De lo usi per specificare ulteriormente una data o un'ora.

La tienda cierra a las ocho de la tarde.
Il negozio chiude alle otto di sera.
Nos vemos a mitad de la semana que viene.
Ci vediamo a metà della settimana prossima.
Nos vemos el 29 de septiembre de 2547.
Ci vediamo il 29 settembre del 2547.

Que viene = Prossima
Pasada = Scorsa

ESERCIZIO 44

Scegli la preposizione corretta per queste espressioni temporali.

entre semana (in settimana); **más o menos** (più o meno); **fin de semana** (fine settimana)

1 **Entre semana me levanto ______ las 7 ______ la mañana.**

2 **Nos vemos ______ las 4 (más o menos).**

3 **Los niños no van ______ colegio ______ verano.**

4 **Este fin de semana me levanto ______ mediodía.**

5 **Nos vemos ______ dos días.**

6 **Me voy de vacaciones ______ diciembre.**

COME?
¿CÓMO?

Puoi usare le preposizioni che hai appena visto anche per rispondere alla domanda "come?".

¿Cómo vas al trabajo?
Come vai al lavoro?
A pie = A piedi
A caballo = A cavallo
En coche = In macchina
En bicicleta = In bici
En autobús = In autobus
En taxi = In taxi
En tren = In treno
En avión = In aereo

ESERCIZIO 45

Adesso mettiti alla prova. Traduci le frasi con le preposizioni corrette.

1 Vado a Parigi in taxi.

2 Siamo in dicembre e io sono a letto.

3 Ci vediamo fra due settimane al bar.

4 Vengono da scuola in treno e vanno al supermercato in aereo.

5 Andiamo in bicicletta a Pechino (**Pekín**)?

6 Veniamo a casa tua in estate.

7 Vado verso il centro a cavallo. Ci vediamo verso le quattro.

8 Siamo in Cile, ma questa settimana andiamo al cinema in Argentina.

9 Sei in ufficio o in palestra?

10 Ti aspetto in cucina alle nove di sera.

STARE + GERUNDIO
ESTAR + GERUNDIO

Caro lettore, che cosa fai in questo momento? **¿Estás durmiendo o estás aprendiendo?** (Stai dormendo o stai imparando?)
Qualunque cosa tu stia facendo, cerca di stare sveglio: fra poco sarai in grado di raccontare ciò che accade intorno a te nel momento in cui parli.
Per descrivere un'azione che si sta svolgendo, usi la formula

ESTAR + GERUNDIO

Yo estoy hablando.
Io sto parlando.
Tú estás escuchando.
Tu stai ascoltando.

John está durmiendo.
John sta dormendo.
Nosotros nos estamos enfadando con John.
Noi ci stiamo arrabbiando con John.

Come vedi, funziona esattamente come in italiano. Per formare il gerundio basta sostituire alle desinenze dell'infinito le terminazioni **-ANDO** o **-IENDO**.

Verbi in **-AR** → **-ANDO**	Verbi in **-ER/-IR** → **-IENDO**
Llorar → Llor**ando**	Beber → Beb**iendo** Vivir → Viv**iendo**

Ahora está lloviendo.
Adesso sta piovendo.
Mi marido está saliendo.
Mio marito sta uscendo.
El bebé está llorando.
Il bambino sta piangendo.
El teléfono está sonando.
Il telefono sta suonando.

El perro está ladrando.
Il cane sta abbaiando.
La vecina está gritando.
La vicina sta urlando.
La comida se está quemando.
Il cibo si sta bruciando.
Yo me estoy volviendo loca.
Io sto impazzendo.

¡OJO!

Per i verbi irregolari e quelli che hanno una vocale davanti alla desinenza dell'infinito il gerundio cambia. Eccoti un elenco dei verbi più usati.

Creer → Creyendo
Decir → Diciendo
Dormir → Durmiendo
Ir → Yendo
Leer → Leyendo
Morir* → Muriendo
Pedir → Pidiendo
Oír → Oyendo
Romper → Rompiendo
Seguir → Siguiendo
Traer → Trayendo
Venir → Viniendo

¡OJO!

*A differenza dell'italiano, **morirse** in spagnolo è un verbo riflessivo.

Me muero = Muoio
Me estoy muriendo = Sto morendo

ESERCIZIO 46

Traduci le frasi aiutandoti con le parole che vedi qui sotto.

aburrirse (annoiarsi); **algo** (qualcosa); **no puedo** (non posso); **sal** (esci); **todo** (tutto); **exagerar** (esagerare); **escuchar** (ascoltare); **no más** (basta); **molestar** (scocciare)

1 Che cosa stai facendo?

....

2 Mi sto annoiando, e tu?

....

3 Io sto morendo. Fa caldissimo.

....

4 Bevi qualcosa. Io sto bevendo una Coca-Cola.

....

5 Non posso. In casa non c'è niente e il frigo si sta rompendo.

....

6 Esci. Fuori sta piovendo.

....

7 No. Qui c'è un incendio e si sta bruciando tutto.

....

8 Non stai esagerando?

....

9 No, sei tu che non mi stai ascoltando.

....

10 Basta, mi stai scocciando.

....

11 Io sto sudando.

....

PASO

NUEVE

¡A TRABAJAR!

AL LAVORO

Quantità. Avverbi e pronomi

Esercizio 47

Professioni

Esercizio 48

Comparativi e superlativi

Esercizio 49

Superlativi/2

Esercizio 50

Passato/1

Esercizio 51

Passato/2

Esercizio 52

Passato/3

Esercizio 53

Esercizio 54

Cerco lavoro

Curriculum vitæ

Esercizio 55

Telefonate di lavoro

Esercizio 56

A colloquio

9

PASO NUEVE

¡A TRABAJAR!

QUANTITÀ. AVVERBI E PRONOMI
CANTIDAD. ADVERBIOS Y PRONOMBRES

Ora che te la cavi abbastanza bene con le frasi, puoi imparare a quantificare le cose di cui parli.

Mucho = molto
Poco = poco
Bastante = abbastanza
Demasiado = troppo

Puoi affiancare queste parole a un verbo o a un sostantivo:

VERBO	SOSTANTIVO
Duermo mucho. Dormo molto.	**Tengo mucho sueño.** Ho molto sonno.
Duermo poco. Dormo poco.	**Tengo poco sueño.** Ho poco sonno.
Duermo bastante. Dormo abbastanza.	**Tengo bastante sueño.** Ho abbastanza sonno.
Duermo demasiado. Dormo troppo.	**Tengo demasiado sueño.** Ho troppo sonno.

¡OJO!

Gli avverbi nella prima colonna restano invariati, ma gli aggettivi concordano con il sostantivo.

Como poco.
Mangio poco.
Tengo poca/mucha hambre.
Ho poca/molta fame.

Per specificare il soggetto invece usi:

Nada* = Niente **En casa no hay nada.** A casa non c'è niente.	**Nadie*** = Nessuno **En casa no hay nadie.** A casa non c'è nessuno.
Algo = Qualcosa **En casa hay algo.** A casa c'è qualcosa.	**Alguien** = Qualcuno **En casa hay alguien.** A casa c'è qualcuno.
Todo = Tutto **En casa hay de todo.** A casa c'è di tutto.	**Todos**** = Tutti **Están todos en casa.** Sono tutti a casa.

***Nada** e **nadie** vogliono la doppia negazione, proprio come in italiano (**no quiero nada**, "non voglio niente").

¡OJO!

****Todos** è un pronome indefinito e vuole per forza il verbo **estar**. Se non ti ricordi la differenza tra **hay** e **está/n**, torna al *Paso* 5.

<table>
<tr><td>Algún = Qualche
Ningún = Nessun
Sono aggettivi maschili (vanno davanti a un nome).</td><td>Alguno = Qualcuno
Ninguno = Nessuno
Sono pronomi maschili (vanno al posto del nome).</td></tr>
<tr><td>¿Hay algún problema?
Hay qualche problema?
No, ningún problema.
No, nessun problema.</td><td>No, ninguno.
No, nessuno.</td></tr>
<tr><td colspan="2">Alguna = Qualche, qualcuna
Ninguna = Nessuna
Al femminile, funzionano sia come aggettivi sia come pronomi.</td></tr>
<tr><td>¿Ves alguna solución?
Vedi qualche soluzione?</td><td>Sí, veo algunas.
Si, ne vedo alcune.
No, no veo ninguna.
No, non ne vedo nessuna.</td></tr>
</table>

ESERCIZIO 47

Ora sei pronto per un mega esercizio di ripasso. Traduci le frasi.

mejor así (meglio così); **sentado** (seduto); **ya** (già); **así es** (proprio così)

1 C'è qualcuno?

____

2 No, non c'è nessuno.

____

3 Scusa, c'è poca luce e ci vedo poco.

____

4 Nessun problema. Io ci vedo abbastanza e non vedo nessuno.

____

5 Meglio così. Che cosa fai?

____

6 Niente. Sono seduto.

____

7 È già qualcosa.

____

8 Proprio così. E tu, da dove vieni?

____

9 Dal lavoro. Sono molto stanco. Sto lavorando troppo.

____

10 Lavora meno. Io lavoro poco perché sono troppo stanco.

....

Menos = meno
Más = più

PROFESSIONI
PROFESIONES

Chi lavora poco e chi lavora troppo? Eccoti alcune parole nuove per familiarizzare con il mondo del lavoro: riempi gli spazi vuoti con **mucho**, **poco**, **bastante** o **demasiado** a seconda di quanto lavorano.

Heredero/a = Ereditiere/ereditiera ....

Ama de casa = Casalinga ....

Jubilado/a = Pensionato/pensionata ....

Empleado/a = Impiegato/impiegata ....

Adesso vediamo alcune delle professioni più comuni.

MASCULINO	FEMENINO
Actor Attore	**Actriz** Attrice
Abogado Avvocato	**Abogada** Avvocatessa
Arquitecto Architetto	**Arquitecta** Architetta
Bombero Pompiere	**Bombera** Pompiera

MASCULINO	FEMENINO
Cajero Cassiere	**Cajera** Cassiera
Camarero Cameriere	**Camarera** Cameriera
Cantante Cantante	**Cantante** Cantante
Carnicero Macellaio	**Carnicera** Macellaia
Dentista Dentista	**Dentista** Dentista
Dependiente Commesso	**Dependienta** Commessa
Enfermero Infermiere	**Enfermera** Infermiera
Escritor Scrittore	**Escritora** Scrittrice
Fontanero Idraulico	**Fontanera** Idraulica
Médico Medico	**Médica** Medico
Panadero Panettiere	**Panadera** Panettiera
Periodista Giornalista	**Periodista** Giornalista
Policía Poliziotto	**Policía** Poliziotta
Secretario Segretario	**Secretaria** Segretaria
Taxista Tassista	**Taxista** Tassista

ESERCIZIO 48

Riempi gli spazi vuoti con la professione più adatta.

caries (carie); **robar** (rubare)

1 **Mi abuela tiene una caries. Tiene que ir al ________________.**
2 **A mi madre le gustan los incendios y detesta a los ________________.**
3 **Yo prefiero los libros, por eso soy ________________.**
4 **A mi hermano le gusta robar, por eso tiene un buen ________________.**
5 **A mi tío no le gusta mi hermano. Mi tío es ________________.**

COMPARATIVI E SUPERLATIVI

MÁS O MENOS

Adesso proviamo a paragonare due professioni fra loro.

Un ama de casa trabaja más que una heredera.
Una casalinga lavora più di un'ereditiera.
Un jubilado trabaja menos que un empleado.
Un pensionato lavora meno di un impiegato.

Más que e **menos que** si usano per fare un paragone tra due cose (comparativo di maggioranza o di minoranza).

Yo soy más rico que tú.
Io sono più ricco di te.
Tengo más dinero que tú.
Ho più soldi di te.
Tú eres menos rico que yo.
Tu sei meno ricco di me.

Tienes menos dinero que yo.
Hai meno soldi di me.

Per far emergere una persona o una cosa in confronto a tutto il resto usi **más de** e **menos de** (superlativo di maggioranza o di minoranza), aggiungendo l'articolo davanti al nome.

La reina de Inglaterra es la mujer más rica del mundo.
La regina d'Inghilterra è la donna più ricca del mondo.
La reina de Inglaterra es la mujer menos pobre del mundo.
La regina d'Inghilterra è la donna meno povera del mondo.

ESERCIZIO 49

Traduci le frasi usando i comparativi e i superlativi.

dinero (soldi); **además** (e poi); **estresado** (stressato); **seguro que** (sicuramente); **afortunado** (fortunato)

1 Penélope Cruz è l'attrice più famosa della Spagna (**de España**).

....

2 Io non sono spagnola e sono meno famosa di Penélope Cruz.

....

3 Sono meno ricca di lei perché ho meno soldi di lei.

....

4 Però sono più simpatica di lei.

....

5 E poi sono meno stressata.

....

6 Penélope Cruz lavora troppo. Sicuramente lavora più di me.

....

7 Io non lavoro e sono la donna più fortunata del mondo.

....

SUPERLATIVI/2

Finora hai imparato a dire:

Mi mono es simpático.
La mia scimmia è simpatica.
Mi mono es muy simpático.
La mia scimmia è molto simpatica.
Mi mono es demasiado simpático.
La mia scimmia è troppo simpatica.

Adesso vediamo come elevare questa caratteristica al grado massimo.

Mi mono es simpatiquísimo.
La mia scimmia è simpaticissima.

Come hai appena visto, per il superlativo assoluto devi aggiungere all'aggettivo o all'avverbio le desinenze:

-ÍSIMO/-ÍSIMA per il singolare
-ÍSIMOS/-ÍSIMAS per il plurale

Penélope Cruz es una actriz famosísima.
Penélope Cruz è un'attrice famosissima.
Esta regla es facilísima.
Questa regola è facilissima.
Yo estoy felicísimo.
Io sono felicissimo.

Estoy aprendiendo muchísimo.
Sto imparando moltissimo.

¡OJO!

Feliz → Felicísimo
Mucho → Muchísimo
Poco → Poquísimo

Per sapere come cambiano le terminazioni di alcune parole al superlativo vai alla **sezione EeE** in fondo al libro.

EeE 13

Superlativos

Super-, **archi-**, **requete-** sono forme colloquiali molto usate nel parlato. Le usi davanti agli aggettivi, come in italiano.

Mi mono es supersimpático.
La mia scimmia è supersimpatica.
Mi mono es archifamoso.
La mia scimmia è arcifamosa.
Mi mono es requetebonito.
La mia scimmia è stracarina.

ESERCIZIO 50

Adesso traduci questo dialogo tra Pepa e Blanca. Le due si incontrano sul lungomare, si riconoscono da lontano e cominciano a fare strani gridolini, poi improvvisamente si bloccano una di fronte all'altra, con la bocca spalancata, e dicono...

¿no ves? (non vedi?); **moreno** (abbronzato); **en cambio** (invece); **pálido** (pallido); **estresado** (stressato); **pesado** (pesante); **mariscos** (frutti di mare); **aburrido** (noioso); **estúpido** (stupido); **inteligente** (intelligente)

1 Blanca! Cosa fai qui?

....

2 Non vedi? Sono abbronzatissima. Invece tu sei pallidissima.

....

3 Sono stressatissima. La spiaggia, il sole... La vita qui è durissima.

....

4 Sì. Sono giorni pesantissimi. I frutti di mare sono stupidissimi.

....

5 Le vacanze sono noiosissime. Noi invece siamo intelligentissime.

....

PASSATO/1
PRETÉRITO PERFECTO

La nostra conversazione intelligente prosegue. Pepa e Blanca si scambiano notizie su cosa hanno fatto di recente. Vediamo cosa si dicono.

PEPA **¿Qué has hecho últimamente?**
Che cosa hai fatto ultimamente?

BLANCA **Nada. He salido poco.**
Niente. Sono uscita poco.

PEPA **¿Has trabajado mucho?**
Hai lavorato tanto?

BLANCA **No. No he tenido tiempo.**
No, non ho avuto tempo.

PEPA **¿Has estado enferma?**
Sei stata malata?

BLANCA **No, he estado muy bien.**
No, sono stata molto bene.

PEPA **Y entonces, ¿qué has hecho?**
E allora cosa hai fatto?

BLANCA **¡He vivido, cariño, he vivido!**
Ho vissuto, tesoro, ho vissuto!

Usi il **pretérito perfecto** per riferirti ad *azioni o eventi avvenuti di recente*.
Lo trovi con espressioni come: **ahora** (adesso), **hoy** (oggi), **esta mañana** (stamattina), **esta tarde** (oggi pomeriggio), **esta semana** (questa settimana), **este mes** (questo mese), **este año** (questo anno), **hace un rato** (poco fa), **últimamente** (ultimamente).
Puoi usarlo per riferirti a un'azione già avvenuta in un passato generico, ma anche ad azioni non ancora avvenute o mai avvenute.
Lo trovi con espressioni come: **siempre** (sempre), **nunca** (mai), **hasta ahora** (finora), **ya** (già), **todavía no** (non ancora).

He visitado España muchas veces.
Ho visitato la Spagna molte volte.
Todavía no he visto a Juan.
Non ho ancora visto Juan.
Nunca he estado en Estados Unidos.
Non sono mai stato negli Stati Uniti.

Il **pretérito perfecto** corrisponde al passato prossimo italiano, ma con una differenza: si usa sempre e solo con il verbo ausiliare **haber**.
Vediamo come si forma.

	PRETÉRITO PERFECTO	
YO	**HE**	**+ PARTICIPIO PASSATO**
TÚ	**HAS**	
ÉL, ELLA, USTED	**HA**	
NOSOTROS (AS)	**HEMOS**	
VOSOTROS (AS)	**HABÉIS**	
ELLOS (AS), USTEDES	**HAN**	

Usi **haber** sempre, anche quando in italiano useresti l'ausiliare "essere":

He estado = Sono stato/stata
He ido = Sono andato/andata
He venido = Sono venuto/venuta
He llegado = Sono arrivato/arrivata
He entrado = Sono entrato/entrata
He salido = Sono uscito/uscita

Come avrai notato, il participio *non cambia* per il maschile o per il femminile.

MASCULINO	FEMENINO
He estado en París. Sono stato a Parigi.	**He estado en París.** Sono stata a Parigi.
He ido a la playa. Sono andato al mare.	**He ido a la playa.** Sono andata al mare.

Con il verbo **estar** cambia però l'aggettivo:

MASCULINO	FEMENINO
He estado enfermo. Sono stato malato.	**He estado enferma.** Sono stata malata.
He estado ocupado. Sono stato occupato.	**He estado ocupada.** Sono stata occupata.
Hemos estado enfermos. Siamo stati malati.	**Hemos estado enfermas.** Siamo state malate.
Hemos estado ocupados. Siamo stati occupati.	**Hemos estado ocupadas.** Siamo state occupate.

Il participio passato per i verbi regolari si forma sostituendo alle desinenze dell'infinito i suffissi **-ADO** e **-IDO**:

-AR ⟶ -ADO	-ER, -IR ⟶ -IDO
Trabajar ⟶ Trabajado **He trabajado poco.** Ho lavorato poco.	**Tener ⟶ Tenido** **No he tenido mucho tiempo.** Non ho avuto molto tempo.
Amar ⟶ Amado **He amado mucho.** Ho amato molto.	**Salir ⟶ Salido** **No he salido mucho.** Non sono uscita molto.
Estar ⟶ Estado **He estado muy bien.** Sono stata molto bene.	**Vivir ⟶ Vivido** **No he vivido bien.** Non ho vissuto bene.

¡OJO!

Lo spagnolo è pieno di participi irregolari. Eccoti la top ten di quelli più usati. Per scoprire altri participi irregolari, vai alla **sezione EeE** in fondo al libro.

EeE 14

Participios irregulares

Aprire = **Abrir ⟶ Abierto**
Dire = **Decir ⟶ Dicho**
Fare = **Hacer ⟶ Hecho**
Mettere = **Poner ⟶ Puesto**
Morire = **Morir ⟶ Muerto**
Rompere = **Romper ⟶ Roto**
Scoprire = **Descubrir ⟶ Descubierto**
Scrivere = **Escribir ⟶ Escrito**
Tornare = **Volver ⟶ Vuelto**
Vedere = **Ver ⟶ Visto**

ESERCIZIO 51

Adesso tocca a te. Traduci le frasi usando il **pretérito perfecto**.

viaje mental (viaggio mentale); **plato** (piatto)

1. Ultimamente non ho fatto niente.

   ....

2. Sono stata a casa e ho pensato.

   ....

3. Non sono uscita molto.

   ....

4. Ho fatto molti viaggi mentali e sono stata bene.

   ....

5. Però ho rotto molti piatti e ho mangiato poco.

   ....

PASSATO/2
PRETÉRITO INDEFINIDO

In Italia il passato remoto si usa correntemente solo in alcune regioni. In Spagna invece è uno di quei vecchi classici che non passano mai di moda e che la gente usa di continuo. Quando? Come? Vediamo.
Usi il **pretérito indefinido** per riferirti a eventi lontani nel tempo o ad azioni già accadute, anche nel passato recente.

Lo trovi con espressioni come: **ayer** (ieri), **anoche** (ieri sera), **el otro día** (l'altro giorno), **la semana pasada** (settimana scorsa), **el mes pasado** (il mese scorso), **el año pasado** (l'anno scorso).

El año pasado te conocí.
L'anno scorso ti ho conosciuto/ti conobbi.
Ayer por la mañana te vi.
Ieri mattina ti ho visto/ti vidi.
Por la tarde me enamoré.
Nel pomeriggio mi sono innamorato/mi innamorai.
Anoche salí y te olvidé.
Ieri sera sono uscito/uscii e ti ho dimenticato/ti dimenticai.

¡OJO! Anche se parli di ieri (**ayer**) devi usare il passato remoto perché l'azione è già avvenuta.

Lo usi anche con date specifiche e con l'espressione **hace**.

Me casé con mi marido en 2012.
Mi sono sposata/sposai con mio marito nel 2012.
Nos enamoramos en 2013.
Ci siamo innamorati/innamorammo nel 2013.
Hace un año nos separamos.
Ci siamo separati/separammo un anno fa.

Il **pretérito indefinido** corrisponde al passato remoto italiano.

Adesso vediamo come si forma nei verbi regolari

	AMAR	COMER	VIVIR
YO	AM**É**	COM**Í**	VIV**Í**
TÚ	AM**ASTE**	COM**ISTE**	VIV**ISTE**
ÉL, ELLA, USTED	AM**Ó**	COMI**Ó**	VIVI**Ó**
NOSOTROS (AS)	AM**AMOS**	COM**IMOS**	VIV**IMOS**
VOSOTROS (AS)	AM**ASTEIS**	COM**ISTEIS**	VIV**ISTEIS**
ELLOS (AS), USTEDES	AM**ARON**	COM**IERON**	VIV**IERON**

Come avrai notato, i verbi in **-ER** e i verbi in **-IR** si coniugano nello stesso modo.

Lo spagnolo è pieno di verbi irregolari. Qui sotto ti diamo la top five dei più usati. Per scoprire altri verbi irregolari, vai alla **sezione EeE** in fondo al libro.

Pretérito indefinido. Verbos irregulares

SER	ESTAR	TENER	HACER	IR
FUI	**ESTUVE**	**TUVE**	**HICE**	**FUI**
FUISTE	**ESTUVISTE**	**TUVISTE**	**HICISTE**	**FUISTE**
FUE	**ESTUVO**	**TUVO**	**HIZO**	**FUE**
FUIMOS	**ESTUVIMOS**	**TUVIMOS**	**HICIMOS**	**FUIMOS**
FUISTEIS	**ESTUVISTEIS**	**TUVISTEIS**	**HICISTEIS**	**FUISTEIS**
FUERON	**ESTUVIERON**	**TUVIERON**	**HICIERON**	**FUERON**

Al **pretérito indefinido** il verbo **ser** e il verbo **ir** si coniugano nello stesso modo.

ESERCIZIO 52

Traduci le frasi con la forma appropriata del passato.

gafas (occhiali); **ganar** (vincere); **insultar a** (insultare); **pasado** (scorso)

1. Ieri Harry Potter ha rotto gli occhiali e ha perso l'autobus.

   ....

2. Nel 1999 si sono innamorati e sono andati a Lourdes.

   ....

3. Cinque anni fa ho vinto il premio Oscar e ho insultato Brad Pitt.

   ....

4. Il mese scorso siamo stati in Cina e abbiamo mangiato solo pizza.

   ....

5. Siete stati molto felici nel 1956.

   ....

PASSATO/3
PRETÉRITO IMPERFECTO

Il **pretérito imperfecto**, come avrai capito, corrisponde all'imperfetto italiano. Ti aiuta a descrivere fatti, situazioni e azioni abituali non ancora conclusi in un momento del passato. Lo trovi con espressioni come:

De niño/a = Da bambino/a
De pequeño/a = Da piccolo/a
Cuando era niño/a, pequeño/a, joven = Quando ero bambino/a, piccolo/a, giovane

Cuando tenía ... años = Quando avevo ... anni
En los años... = Negli anni...
En la Edad Media, en 1800 = Nel Medioevo, nel 1800
Hace diez meses, años, siglos = Dieci mesi, dieci anni, dieci secoli fa
En aquel entonces = Allora
En aquellos tiempos = A quei tempi
En aquel período = In quel periodo
En aquella época = A quell'epoca
Todas las veces que = Tutte le volte che
A veces = A volte
Todos los días = Tutti i giorni
Cada día = Ogni giorno
Normalmente = Normalmente
Generalmente = Generalmente

Usi il **pretérito imperfecto** per esprimere *azioni abituali nel passato.*

Cuando Peter era niño le gustaba beber cerveza.
Quando Peter era bambino gli piaceva bere la birra.
En la Edad Media John tenía veinte años.
Nel Medioevo John aveva vent'anni.

Puoi usarlo anche per descrivere cose, situazioni, luoghi, ambienti o persone in un *passato imprecisato.*

Mi vecina de sesenta años se vestía como una adolescente.
La mia vicina di sessant'anni si vestiva come un'adolescente.
Tenía los ojos azules, el pelo rubio y era muy delgada.
Aveva gli occhi azzurri, i capelli biondi ed era molto magra.
¡Pero tenía sesenta años!
Ma aveva sessant'anni!

Lo usi anche per riferirti a qualcosa che stava accadendo *prima di un altro evento.*

Cuando estábamos en el restaurante, entraron unos ladrones.
Quando eravamo al ristorante entrarono dei ladri.

Estaba a punto de levantarme cuando oí un ruido.
Ero sul punto di alzarmi quando udii un rumore.

Il **pretérito imperfecto** si usa infine per esprimere il futuro nel passato o per formulare in maniera cortese una domanda o una richiesta:

John dijo que volvía pronto.
John ha detto che sarebbe tornato presto.
Buenos días, quería hablar con el director.
Buongiorno, volevo parlare con il direttore.

Per coniugare i verbi all'imperfetto devi togliere le desinenze dell'infinito e sostituirle con le terminazioni che vedi qui di seguito:

	CANTAR	COMER	VIVIR
YO	CANT**ABA**	COM**ÍA**	VIV**ÍA**
TÚ	CANT**ABAS**	COM**ÍAS**	VIV**ÍAS**
ÉL, ELLA, USTED	CANT**ABA**	COM**ÍA**	VIV**ÍA**
NOSOTROS (AS)	CANT**ÁBAMOS**	COM**ÍAMOS**	VIV**ÍAMOS**
VOSOTROS (AS)	CANT**ABAIS**	COM**ÍAIS**	VIV**ÍAIS**
ELLOS (AS), USTEDES	CANT**ABAN**	COM**ÍAN**	VIV**ÍAN**

¡OJO!

Le desinenze della prima coniugazione sono diverse da quelle della seconda e della terza.
Hai notato che la prima e la terza persona del singolare hanno la stessa forma? Il pronome personale o il nome proprio ti aiuteranno a non fare confusione.

Yo cantaba = Io cantavo **Él cantaba** = Lui cantava
Yo comía = Io mangiavo **Él comía** = Lui mangiava
Yo vivía = Io vivevo **Él vivía** = Lui viveva

Usi le stesse desinenze anche per i seguenti verbi, e per tutti gli altri (di seguito ti riportiamo solo la prima persona):

Estar ⟶ Estaba
Tener ⟶ Tenía
Decir ⟶ Decía
Hacer ⟶ Hacía
Haber ⟶ Había
Querer ⟶ Quería
Poner ⟶ Ponía

Le eccezioni sono soltanto tre. **¡Menos mal!** Vediamole:

	IR	SER	VER
YO	**IBA**	**ERA**	**VEÍA**
TÚ	**IBAS**	**ERAS**	**VEÍAS**
ÉL, ELLA, USTED	**IBA**	**ERA**	**VEÍA**
NOSOTROS (AS)	**ÍBAMOS**	**ÉRAMOS**	**VEÍAMOS**
VOSOTROS (AS)	**IBAIS**	**ERAIS**	**VEÍAIS**
ELLOS (AS), USTEDES	**IBAN**	**ERAN**	**VEÍAN**

ESERCIZIO 53

Traduci le frasi con i verbi all'imperfetto.

1 Nel 1912 io non ero nessuno ma mia nonna era viva.

....

2 Da piccoli andavamo al mare (**playa**) ma pioveva sempre.

....

3 Dieci anni fa lui aveva più capelli e mangiava meno.

....

4 Scusa, volevo chiamarti (**llamarte**) ma non avevo il tuo numero (**teléfono**).

....

5 Nel Medioevo non c'erano macchine.

....

Ricapitolando:

• il **pretérito perfecto** (passato prossimo) indica un fatto o un evento accaduto che ha ripercussioni nel presente.

Esta mañana he hablado con el jefe y hemos tomado un café.
Questa mattina ho parlato con il capo e abbiamo bevuto un caffè.

• il **pretérito indefinido** (passato remoto) indica un fatto o un evento (anche recente) già concluso ma senza ripercussioni nel presente.

Ayer me llamó Marcos y me invitó a salir.
Ieri mi ha chiamata Marcos e mi ha invitata a uscire.

• il **pretérito imperfecto** (imperfetto) descrive fatti, situazioni e azioni abituali non ancora conclusi in un momento del passato.

Cuando era pequeña, iba siempre a pasear al parque.
Quando ero piccola, andavo sempre a passeggiare al parco.

ESERCIZIO 54
MEGA TEST

Ormai dovresti essere pronto per il mega test di ripasso finale. Traduci le frasi usando gli argomenti che hai imparato finora. Se hai qualche dubbio torna indietro a recuperare i pezzi fondamentali. **¿Listo?**

1 Ieri il mio gatto Oscar ha rotto gli occhiali e non mi ha visto entrare.

....

2 La settimana scorsa ho perso le chiavi e sono entrato dalla finestra. È stato divertentissimo.

....

3 Quest'anno ho viaggiato molto e non ho avuto tempo di lavorare.

....

4 *A:* Sei stato a Birmingham ultimamente?

....

B: No, ma vivevo lì quando ero piccolo.

....

5 La mia scimmia è famosissima. Nel 1986 ha fatto un film con Brad Pitt e ha vinto l'Oscar.

....

6 Mio zio era poliziotto e nel 1934 ha cenato con Al Capone.

....

7 Mia madre invece è casalinga e oggi sta rompendo tutti i piatti.

....

8 Questa settimana sono stata occupatissima.

9 Il 22 febbraio 2002 il mio pesce rosso ha dormito poco.

10 Lunedì scorso sono andato a scuola in taxi.

11 Mio nonno andava a scuola a cavallo.

12 Scusi, signore, ha visto mia moglie? L'ho persa l'altro ieri e non ha ancora chiamato.

13 Nel 1982 sono andato da Roma a Pechino a piedi.

14 Ieri sera sono venuto a casa tua.

15 Paco tre mesi fa mi ha chiesto un consiglio. Io oggi gli ho dato un coniglio.

16 Ieri sono andato in ufficio ma era chiuso per ferie.

17 Il mio cane un anno fa ha rubato una macchina.

18 Ti ho aspettato tutta la vita in officina ma tu non eri un meccanico.

19 Penélope Cruz è stressatissima perché io sono più famosa di lei.

20 Ti ho chiamato cento volte questa mattina. Non hai sentito?

....

¡Muy bien! La strada che hai fatto è davvero tanta. Per farti rilassare un po' abbiamo pensato di chiudere il capitolo con un piccolo viaggio nel mondo del lavoro. Può sempre tornare utile, se prima o poi deciderai di tentare la fortuna in un paese ispanofono. Adesso mettiti comodo e... goditi il viaggio.

CERCO LAVORO
BUSCO TRABAJO

Cercare lavoro in Spagna o in America Latina: perché no? Nel mondo globalizzato il lavoro all'estero è una pratica sempre più diffusa, e conoscere le lingue è diventato un requisito fondamentale. Vale anche per lo spagnolo, di cui non bisogna sottovalutare l'importanza: parlato da quasi 400 milioni di persone, è la lingua ufficiale di 22 paesi e la seconda più parlata negli Stati Uniti.

CURRICULUM VITÆ
CURRÍCULUM VITÆ

Lavorare all'estero può essere una buona occasione per rimettersi in gioco e confrontarsi con mercati spesso più dinamici del nostro. Se ci stai pensando, la prima cosa da fare è informarti sulla realtà del lavoro e sul riconoscimento dei tuoi titoli di studio nel paese in cui vuoi andare.
La seconda è preparare un CV. Ricorda che si tratta del tuo biglietto da visita: deve enfatizzare le qualità che possiedi e dimostrare perché sei la persona giusta per quel lavoro. Affinché sia efficace, il tuo CV deve essere scritto bene e senza errori ortografici: non occorre che ti diciamo che un CV sgrammaticato ti presenterebbe nel peggiore dei modi, quindi...

¡OJO!

Nella prima parte devi indicare **tus datos personales**.

- **Nombre y apellidos** = Nome e cognome
- **Dirección** = Indirizzo
- **Teléfono** = Telefono

- **Correo electrónico** = E-mail
- **Sexo, fecha y lugar de nacimiento, nacionalidad** = Sesso, data e luogo di nascita, nazionalità

Nella seconda parte specificherai due cose:

- **Experiencia profesional** = Esperienze lavorative

Devi elencare tutti i lavori che hai svolto in ordine cronologico dall'ultimo al primo, specificando **la fecha (de... - a...)**.

- **Educación y formación académica** = Studi e formazione

Qui specifichi che cosa hai studiato, quando e presso quale istituto, con lo stesso criterio usato per le esperienze lavorative.

Infine, parlerai delle tue:

- **Capacidades y aptitudes personales** = Competenze personali
- **Idiomas** = Lingue conosciute

Indica la tua lingua (**lengua materna**) e poi elenca le altre lingue che conosci (**otros idiomas**), specificando il tuo livello di conoscenza scritto e parlato. Metti prima quelle che conosci meglio. (A questo punto ci auguriamo vivamente che lo spagnolo sia fra queste...)

Puoi completare il documento aggiungendo le competenze personali per cui non hai ricevuto attestati o certificazioni, le tue passioni, i tuoi hobby. Indica anche se sei in possesso di una patente di guida (**permiso de conducir**) e se sei pronto a sgommare verso la tua nuova avventura lavorativa.

ESERCIZIO 55

Il nostro distratto amico Juan Martínez ha sparso lungo il suo Curriculum vitæ le informazioni fondamentali. Aiutalo a indicare le voci corrette da inserire, utilizzando i termini che hai appena imparato.

Currículum vitæ

.... **argentina**

.... **español** (lengua materna)
alemán (comprensión y expresión orales: excelentes)
italiano (comprensión y expresión orales: buenas)
inglés (comprensión y expresión orales: mejorando, gracias al nuevo método de John Peter Sloan)

.... **Septiembre 2012 - Junio 2014. Vendedor en la farmacia "Yo lo curo todo" de Buenos Aires**

.... **Calle Muñoz Arenilla, número 3, 4ºB. Córdoba, Argentina**

.... **20/02/1972**

.... **Juanitobonito@sdz.com**

.... **Jugar al ajedrez** (*scacchi*) **y saltar a la comba** (*saltare la corda*)

.... **hombre**

.... **Septiembre 2006 - Julio 2011. Universidad de Ciencias de la Salud, Buenos Aires**

.... **+54 678 987 798**

.... **Juan Martínez Rodríguez**

.... **B**

TELEFONATE DI LAVORO
LLAMADAS TELEFÓNICAS EN EL TRABAJO

Al lavoro, in qualsiasi parte del mondo, quando si parla al telefono lo si fa velocemente, senza perdere troppo tempo. Conoscere in anticipo le espressioni più comuni da usare durante una telefonata può aiutarti a capire e a farti capire meglio. Eccoti una conversazione tipo.

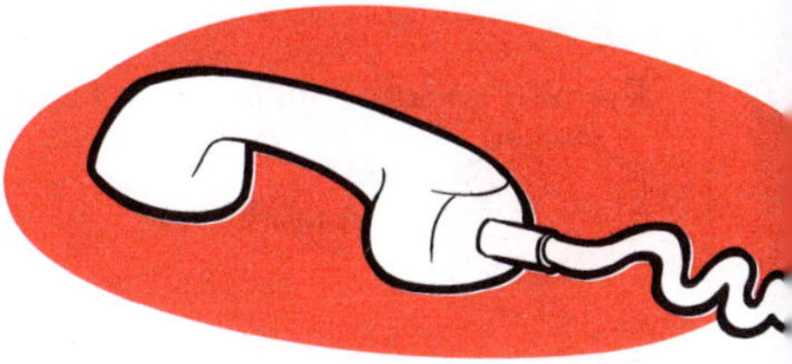

A **Hotel San Felipe, ¿qué desea?**
Hotel San Felipe, cosa desidera?

B **Buenos días, llamo por el anuncio de trabajo. Es para el puesto de recepcionista.**
Buongiorno, chiamo per l'annuncio di lavoro. È per il posto da receptionist.

A **¿Es usted español?**
Lei è spagnolo?

B **No, soy inglés, pero hablo fluidamente español.**
No, sono inglese, ma il mio spagnolo è scorrevole.

A **El contrato de trabajo que ofrecemos es de seis meses.**
Il contratto di lavoro che offriamo è di sei mesi.

B **Bien, me interesa mucho.**
Bene, mi interessa molto.

A **¿Puede venir mañana a las 12 para una entrevista?**
Può venire domani alle 12 per un colloquio?

B **Sí, les llevo también mi Currículum vitae.**
Sì, vi porto anche il mio CV.

A **Bien, no lo olvide. Traiga también una foto carnet. Hasta mañana.**
D'accordo, non se ne dimentichi. Porti anche una fototessera. A domani.

B **Hasta mañana, gracias.**
A domani, grazie.

Anuncio de trabajo = Annuncio di lavoro
Cita = Appuntamento
Contrato = Contratto
Entrevista = Colloquio
Foto de carnet/tamaño carnet = Fototessera
Puesto de trabajo = Posto di lavoro
Sueldo = Stipendio

Per altri vocaboli sul lavoro vai alla **sezione EeE** in fondo al libro.

EeE 16 **En la oficina**

ESERCIZIO 56

Completa gli spazi bianchi nell'annuncio con queste parole:
económicas, entrevista, foto, idiomas, teléfono, seis meses, contrato

Se necesita recepcionista de Hotel.
Preferentemente con experiencia y conocimientos de ____________.
Se ofrece ____________ de trabajo durante ____________, prorrogable. Condiciones ____________ excelentes. Horario solo de tarde. Interesados llamar al número de ____________ 956 07 43 08 para concertar una ____________. Necesario presentar Currículum vitæ y ____________ tamaño carnet.

¡OJO! Un consiglio importante: spesso è necessario chiedere di ripetere lettera per lettera (**deletrear**) un nome o un indirizzo. In spagnolo, come in italiano, quando **deletreas** una parola associ a ogni lettera il nome di una città che ti viene in mente in quel momento.

Per esempio, per fare lo spelling del nome "Marco", potresti dire: **M de Madrid, A de Alicante, R de Roma, C de Cuenca y O de Oviedo**. Per chiedere di fare lo spelling usi questa frase:

¿Me puede deletrear esa palabra, por favor?

Adesso esercitati un po'. Prova a **deletrear**:

1 **Il tuo nome**

2 **Il nome di tua nonna**

3 **Il nome di John Peter Sloan**

A COLLOQUIO
LA ENTREVISTA

Altrettanto importante è sapere che cosa dire quando arrivi a un colloquio. Impossibile riportartene uno completo: di seguito ti presentiamo le battute iniziali di una situazione tipo. Ricorda, la prima impressione è quella che conta! Visto che ormai sei bravo, abbiamo deciso di lasciar tradurre a te. **¿Listo?**

R = **Roberto**
S = **Secretaria 1**
S2 = **Secretaria 2**
D = **Director**

R **Buenos días, he venido a hacer una entrevista de trabajo.**
S **Buenos días, ¿a quién busca?**
R **Tengo que hablar con el director.**
S **Debe preguntar a su secretaria personal, segunda puerta a la derecha.**
R **Muchas gracias.**

R **Buenos días, ¿es usted la secretaria personal del director?**
S2 **Sí, soy yo. Dígame.**

R **Tengo una cita hoy a las 12 para hacer una entrevista.**
S2 **Espere un momento, por favor, consulto mi agenda... Así es, el director le espera en su despacho; es el número tres.**
R **Gracias, muy amable.**

(Toc-toc-toc...)

D **Adelante.**
R **Permiso. Tengo una entrevista laboral.**
D **Sí, siéntese, por favor.**

(Si danno la mano)

R **Un placer.**
D **¡Encantado! Para empezar, me gustaría saber...**

(Cinque minuti dopo)

R **¿Eso es todo?**
D **Sí, hemos terminado. Le llamaremos en cuanto tomemos una decisión.**
R **Se lo agradezco.**
D **Le acompaño a la salida.**

PASO

DIEZ

PLANES PARA EL FUTURO

PROGETTI PER IL FUTURO

10

PASO DIEZ

PLANES PARA EL FUTURO

Piani per il futuro? Progetti imminenti, intenzioni concrete o sogni irrealizzabili? In questo capitolo imparerai a parlare dei tuoi hobby e dei tuoi interessi, a dire cosa hai intenzione di fare in futuro ma anche ad azzardare ipotesi su ciò che ti piacerebbe fare. Sei pronto? **¡Vamos!**

SPORT
DEPORTES

Baloncesto = Basket
Béisbol = Baseball
Billar = Biliardo
Boxeo = Boxe
Ciclismo = Ciclismo
Equitación = Equitazione
Esgrima = Scherma
Esquí = Sci
Esquí náutico = Sci d'acqua
Fútbol = Calcio
Golf = Golf
Judo = Judo
Natación = Nuoto
Rugby = Rugby
Snowboard (Tabla de nieve) = Snowboard
Tenis = Tennis
Tenis de mesa = Ping-pong
Voleibol = Pallavolo

Voleiplaya = Beach volley
Windsurf = Windsurf

Alcuni sport sono introdotti dal verbo **jugar** (giocare), proprio come in italiano.

Jugar al + baloncesto
béisbol
billar
golf
rugby
tenis
tenis de mesa
voleibol
voleiplaya

Jugar è un verbo irregolare e si coniuga così:

	JUGAR
YO	**JUEGO**
TÚ	**JUEGAS**
ÉL, ELLA, USTED	**JUEGA**
NOSOTROS (AS)	**JUGAMOS**
VOSOTROS (AS)	**JUGÁIS**
ELLOS (AS), USTEDES	**JUEGAN**

Juego al baloncesto.
Gioco a basket.
Me gusta jugar al baloncesto.
Mi piace giocare a basket.

Altri sport sono introdotti da un verbo generico o presuppongono un verbo specifico:

Hacer/Practicar + boxeo ⟶ (boxear)
ciclismo ⟶ (montar en bicicleta)
esgrima
equitación ⟶ (montar a caballo)
esquí ⟶ (esquiar)
esquí náutico
judo
natación ⟶ (nadar)
snowboard
windsurf

Practico equitación.
Faccio equitazione.
Monto a caballo.
Vado a cavallo.
Me gusta el esquí.
Mi piace lo sci.
Me gusta esquiar.
Mi piace sciare.

Me gusta = Mi piace

No me gusta = Non mi piace

HOBBY
PASATIEMPOS

¿Qué te gusta hacer en tu tiempo libre? ¿Cuál es tu pasatiempo favorito?
Eccoti un elenco degli hobby più diffusi da praticare nel tuo **tiempo de ocio**.

Me gusta + bailar = ballare
cantar = cantare
cocinar = cucinare
dibujar = disegnare
escuchar música = ascoltare la musica
jugar con videojuegos = giocare ai videogiochi
ir al cine = andare al cinema
sacar fotos = fare fotografie
salir = uscire
tocar* un instrumento = suonare uno strumento
viajar = viaggiare

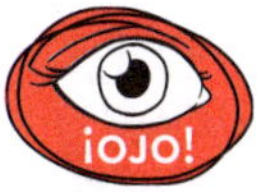

***Tocar** significa "suonare" ma anche "toccare".

A mí me gusta non è un errore come in italiano: puoi dire **me gusta** ma anche **a mí me gusta**.

Me gusta viajar.
Mi piace viaggiare.
A mí me gusta viajar.
A me piace viaggiare.

A MÍ	**ME**	**GUSTA**
A TI	**TE**	
A ÉL/ELLA/USTED	**LE**	
A NOSOTROS (AS)	**NOS**	
A VOSOTROS (AS)	**OS**	
A ELLOS, ELLAS, USTEDES	**LES**	

¡OJO! Le espressioni corrette sono solo **me gusta** e **a mí me gusta**:

~~**A MÍ GUSTA**~~

STRUMENTI MUSICALI
INSTRUMENTOS MUSICALES

Acordeón = Fisarmonica
Arpa = Arpa
Armónica = Armonica
Clarinete = Clarinetto
Flauta = Flauto
Guitarra = Chitarra
Maracas = Maracas
Oboe = Oboe
Piano = Piano
Saxofón = Sassofono
Batería = Batteria
Trompeta = Tromba
Violín = Violino

ESERCIZIO 57

Traduci le frasi con le espressioni che hai appena imparato. Come al solito ti regaliamo qualche parolina.

dime (dimmi); **no sé** (non so); **perezoso** (pigro); **plan** (programma); **entonces** (allora); **me gustan** (mi piacciono)

1 Dimmi... c'è qualcosa che ti piace fare?

....

2 Non so... sono abbastanza pigra. Mi piace stare senza far niente.

....

3 Non ti piace ballare, giocare a biliardo o suonare l'arpa?

....

4 No, mi piace dormire e non fare programmi.

....

5 E giocare a ping-pong, disegnare o fare sci d'acqua?

....

6 No, non mi piace.

....

7 Ma allora, cosa ti piace?

....

8 Mi piacciono le persone che non fanno domande. E a te?

....

FUTURO/1

Che programmi hai per il futuro imminente? Per esempio, che cosa hai intenzione di fare fra un'ora, domani o nei prossimi giorni?
In spagnolo, come in italiano, per riferirti a un'intenzione o un programma già stabilito puoi utilizzare alcune perifrasi verbali. Vediamole insieme:

IR A + INFINITO

Usi il verbo **ir** seguito dalla preposizione **a** e dal verbo all'infinito per parlare di un evento o di un'azione già pianificata.

In italiano questa forma non esiste e corrisponde al presente o al futuro semplice.

Mañana vamos a ir al cine a ver una película.
Domani andiamo al cinema a vedere un film.
Dentro de una semana voy a trasladarme a otro barrio.
Tra una settimana mi trasferisco/trasferirò in un altro quartiere.

PENSAR + INFINITO

Usi questa forma per esprimere l'intenzione di fare o non fare qualcosa. È proprio come in italiano, ma senza la preposizione "di".

¿Piensas venir con nosotros o prefieres quedarte en casa?
Pensi di venire con noi o preferisci restare a casa?
Pienso ir a visitarte en estos días.
Penso di venirti a trovare in questi giorni.

ESTAR PARA/ESTAR A PUNTO DE + INFINITO

Usi **estar para** o **estar a punto de** seguiti dall'infinito per parlare di un'azione che sta per accadere nel futuro immediato. Corrispondono alle espressioni italiane "stare per" o "essere sul punto di".

Está para llover. ¿Tienes un paraguas?
Sta per piovere. Hai un ombrello?

Tenemos que salir corriendo: las tiendas están a punto de cerrar.
Dobbiamo uscire di corsa: i negozi stanno per chiudere.

ESTAR POR + INFINITO

Anche quest'espressione esprime un'azione che sta per accadere, ma sottolinea più l'intenzione o il desiderio di compierla (futuro intenzionale).

Estamos por ver el partido en casa de John, pero no sabemos si nos va a abrir la puerta.
Avremmo intenzione di vedere la partita a casa di John, ma non sappiamo se ci aprirà la porta.

ESERCIZIO 58

Adesso mettiti alla prova con queste frasi. Traduci usando le espressioni più adeguate.

ajedrez (scacchi); **en realidad** (in realtà); **tablero de ajedrez** (scacchiera)

1 Che cosa fai questa sera?

....

2 Penso di andare a suonare il violino per strada con Conchita.

....

3 In realtà Conchita avrebbe intenzione di venire a casa mia a giocare a scacchi.

....

4 E adesso cosa pensate di fare?

....

5 Andiamo a comprare una scacchiera: il negozio sta per chiudere.

....

FUTURO/2
FUTURO SIMPLE

Eccoci arrivati al futuro vero e proprio. Come in italiano, lo usi per riferirti ad azioni che non sono ancora accadute o che prevedi di compiere. Coniugarlo è di una semplicità estrema: devi solo prendere l'infinito del verbo e aggiungere le stesse desinenze per tutte e tre le coniugazioni. **Simple, ¿no?**
Vediamo come fare.

	TOCAR	PERDER	IR
YO	TOCAR**É**	PERDER**É**	IR**É**
TÚ	TOCAR**ÁS**	PERDER**ÁS**	IR**ÁS**
ÉL, ELLA, USTED	TOCAR**Á**	PERDER**Á**	IR**Á**
NOSOTROS (AS)	TOCAR**EMOS**	PERDER**EMOS**	IR**EMOS**
VOSOTROS (AS)	TOCAR**ÉIS**	PERDER**ÉIS**	IR**ÉIS**
ELLOS (AS), USTEDES	TOCAR**ÁN**	PERDER**ÁN**	IR**ÁN**

Mañana iré a tu casa y tocaré el timbre.
Domani verrò a casa tua e suonerò il campanello.

Tú me verás en la puerta y no perderás tiempo.
Tu mi vedrai sulla porta e non perderai tempo.
Viviremos juntos felices y contentos.
Vivremo insieme felici e contenti.

Usi il **futuro simple** per riferirti all'intenzione di compiere un'azione o di realizzare un progetto.

John está preparando la maleta.
John sta preparando la valigia.
¿Por qué? ¿Se va de viaje?
Perché? Parte per un viaggio?
Sí. Mañana cogerá el avión para París y se quedará allí una semana.
Sì. Domani prenderà l'aereo per Parigi e resterà lì una settimana.
Estupendo: puesto que John nos ha prometido un viaje, nos iremos todos a París.
Fantastico: visto che John ci ha promesso un viaggio, andremo tutti a Parigi.
¿Ah, sí? ¿Y quién pagará el viaje?
Ah sì? E chi pagherà il viaggio?
John, ¡por supuesto!
John, ovviamente!

Puoi usare il **futuro simple** anche per esprimere una probabilità o una supposizione.

¿Cuántos años tendrá John?
Quanti anni avrà John?
¡Qué sé yo! Tendrá unos cuarenta años, pero, claro, él dice que tiene veinte.
Che ne so? Avrà una quarantina d'anni, ma lui ovviamente dice di averne venti.
¿Será verdad?
Sarà vero?
¿Estará loco?
Sarà pazzo?

Usi il **futuro simple** anche per dare un ordine o fare una richiesta perentoria.

John, prométeme que ya no dirás mentiras acerca de tu edad.
John, promettimi che non dirai più bugie sulla tua età.
Hoy no saldrás porque no has estudiado.
Oggi non uscirai perché non hai studiato.

Infine, puoi usarlo anche come esclamazione, per esprimere sorpresa.

¡Serás tonto!
Sarai stupido!
¡Será posible!
È mai possibile?
¡Tendrá cara!
Che faccia tosta!

Adesso osserva cosa succede con questi verbi. Si tratta di verbi irregolari, che al futuro modificano la radice. Le desinenze del futuro però restano invariate.

CABER → CABR-
DECIR → DIR-
HABER → HABR-
HACER → HAR-
PODER → PODR-
PONER → PONDR-
QUERER → QUERR-
SABER → SABR-
SALIR → SALDR-
TENER → TENDR-
VALER → VALDR-
VENIR → VENDR-

YO	**É**
TÚ	**ÁS**
ÉL, ELLA, USTED	**Á**
NOSOTROS (AS)	**EMOS**
VOSOTROS (AS)	**ÉIS**
ELLOS (AS), USTEDES	**ÁN**

Sicuramente avrai notato che per esprimere un'azione futura hai bisogno di alcuni **marcadores temporales**. Sono espressioni che conosci già, ma rivediamole insieme:

Luego = Poi
Más tarde = Più tardi
Después = Dopo
Esta tarde = Questo pomeriggio
Esta noche = Questa sera
Mañana = Domani
Mañana por la mañana = Domani mattina
Mañana por la tarde = Domani pomeriggio
Mañana por la noche = Domani sera
Pasado mañana = Dopodomani
La semana que viene = La settimana prossima
El mes que viene = Il mese prossimo
El año que viene = L'anno prossimo
La próxima semana = La settimana prossima
El próximo mes = Il mese prossimo
El próximo año = L'anno prossimo
Dentro de una hora = Fra un'ora
Dentro de dos días = Fra due giorni
Dentro de una semana = Tra una settimana
Dentro de un mes = Tra un mese
Dentro de un año = Tra un anno
Este fin de semana = Questo fine settimana
En primavera = In primavera
En verano = In estate
En otoño = In autunno
En invierno = In inverno
En enero = A gennaio
En febrero = A febbraio
En marzo = A marzo

ESERCIZIO 59

Sei pronto per il ripassone finale? **¡Vamos!**

éxito musical (canzone di successo); **admiradora** (ammiratrice); **un montón** (un mondo/un sacco); **periódico** (giornale); **conmigo** (con me); **dedicarse** (dedicarsi); **estupendo** (fantastico)

1 L'anno prossimo a quest'ora sarò un cantante bello, ricco e famoso.

....

2 Canterò molte canzoni di successo e avrò molte ammiratrici.

....

3 Uscirò con loro e ci divertiremo un mondo.

....

4 La mattina dormirò fino a tardi e non leggerò il giornale.

....

5 Potrò dedicarmi ai miei hobby.

....

6 Le mie ammiratrici viaggeranno con me tutto l'anno.

....

7 In estate berremo piña colada sulla spiaggia e giocheremo a beach volley.

....

8 In inverno andremo a sciare e andremo a cavallo.

....

9 Sarà fantastico, vedrai.

....

MI PIACE, MI PIACEREBBE
ME GUSTA, ME GUSTARÍA

Ora che sai dire cosa ti piace fare e cosa hai in programma di fare in futuro, sei pronto per passare allo *step* successivo. Dal regno delle certezze, stiamo per entrare in quello delle ipotesi e delle possibilità. Leggi attentamente queste frasi.

Me gusta bailar contigo.
Mi piace ballare con te. → Ho ballato con te, è un dato di fatto.
Me gustaría bailar contigo.
Mi piacerebbe ballare con te. → Sto esprimendo un desiderio.
¿Te gustaría bailar conmigo?
Ti piacerebbe ballare con me? → Ti sto facendo una proposta.

A differenza di **me gusta**, **me gustaría** esprime un'intenzione o un desiderio il cui esito è incerto o non dipende da te. Puoi usarlo per riferirti a possibilità più o meno concrete, ma anche a inviti, proposte e consigli.

Pepa está cansada y un poco triste.
Pepa è stanca e un po' triste.

Le gustaría salir y distraerse.
Le piacerebbe uscire e distrarsi.
Le gustaría dormir todo el día.
Le piacerebbe dormire tutto il giorno.
→ possibilità concrete

Le gustaría ganarse la lotería para no trabajar más.
Le piacerebbe vincere la lotteria per non lavorare più.
Le gustaría ser una princesa y no mover un dedo.
Le piacerebbe essere una principessa e non muovere un dito.
→ possibilità altamente improbabili

CONDIZIONALE
CONDICIONAL SIMPLE

Quello che hai appena visto era un piccolo assaggio di condizionale applicato all'espressione **me gusta**. Adesso andiamo più a fondo e cerchiamo di capire quando e come usarlo. Per coniugarlo devi prendere l'infinito del verbo e aggiungere le stesse desinenze per tutte e tre le coniugazioni, come hai già fatto per il futuro.

	HABLAR	BEBER	IR
YO	HABLAR**ÍA**	BEBER**ÍA**	IR**ÍA**
TÚ	HABLAR**ÍAS**	BEBER**ÍAS**	IR**ÍAS**
ÉL, ELLA, USTED	HABLAR**ÍA**	BEBER**ÍA**	IR**ÍA**
NOSOTROS (AS)	HABLAR**ÍAMOS**	BEBER**ÍAMOS**	IR**ÍAMOS**
VOSOTROS (AS)	HABLAR**ÍAIS**	BEBER**ÍAIS**	IR**ÍAIS**
ELLOS (AS), USTEDES	HABLAR**ÍAN**	BEBER**ÍAN**	IR**ÍAN**

Ora osserva cosa succede con questi verbi: forse avrai notato che le irregolarità del condizionale sono uguali a quelle del futuro.

	CABER → CABR-	
	DECIR → DIR-	
	HABER → HABR-	
YO	**HACER → HAR-**	**ÍA**
TÚ	**PODER → PODR-**	**ÍAS**
ÉL, ELLA, USTED	**PONER → PONDR-**	**ÍA**
NOSOTROS (AS)	**QUERER → QUERR-**	**ÍAMOS**
VOSOTROS (AS)	**SABER → SABR-**	**ÍAIS**
ELLOS (AS), USTEDES	**SALIR → SALDR-**	**ÍAN**
	TENER → TENDR-	
	VALER → VALDR-	
	VENIR → VENDR-	

Usi il **condicional simple** per esprimere ipotesi o eventi possibili nel presente e nel futuro.

> **Me gustaría salir contigo, pero siempre estás tumbado en el sofá.**
> Mi piacerebbe uscire con te, ma sei sempre lì sdraiato sul divano.
> **Me encantaría tener un perro.**
> Mi piacerebbe moltissimo avere un cane.
> **Iría contigo al cine, pero tengo que hacer los deberes de *Español da zero*.**
> Verrei con te al cinema, ma devo fare i compiti di *Español da zero*.

Puoi usarlo anche per dare consigli o suggerimenti. In questo caso lo trovi spesso con espressioni come: **yo que tú/en tu lugar** (io, al tuo posto,), **si yo fuera tú** (se fossi in te).

Yo, en tu lugar, bebería menos.
Io, al tuo posto, berrei di meno.
Y yo, si fuera tú, hablaría menos.
E io, se fossi in te, parlerei di meno.

Il **condicional simple** può servirti per fare supposizioni o riferirti a probabilità nel passato. Ti ricordi quando abbiamo studiato il futuro e le ipotesi di cui non si ha piena certezza? Osserva queste frasi:

¿Cuántos años tendrá John?	***¿Cuántos años tendría John en 1980?**
Quanti anni avrà John?	Quanti anni avrà avuto John nel 1980?
Tendrá unos cuarenta años.	***Tendría unos cuarenta años.**
Avrà una quarantina d'anni.	Avrà avuto una quarantina d'anni.

*In quest'ultimo caso in spagnolo usi il condizionale, in italiano il futuro anteriore.

Puoi usare il **condicional simple** per formulare richieste o suggerimenti in modo cortese:

¿Podrías ayudarme, por favor?
Potresti aiutarmi, per favore?
Sería mejor que no.
Sarebbe meglio di no.

Infine, puoi usarlo anche per esprimere il futuro nel passato:

Mi novio dijo que llegaría a las 3; son las 7 y todavía no ha llegado.
Il mio fidanzato ha detto che sarebbe arrivato alle 3. Sono le 7 e non è ancora arrivato.
Pensaba que se pondría en contacto conmigo.
Pensavo che si sarebbe messo in contatto con me.

¡PERO NO LO HIZO!
MA NON L'HA FATTO!

Come avrai notato, in spagnolo si usa il **condicional simple** anche per frasi che in italiano tradurresti con il condizionale passato.

E ora un piccolo trucco. Per esprimere il futuro nel passato non è necessario che tu sappia a memoria tutti i condizionali: puoi utilizzare anche l'espressione **ir a + infinito**. Naturalmente devi cambiare tempo e coniugare il verbo **ir** all'imperfetto.

Mi novio dijo que iba a llegar a las 3.
Il mio fidanzato ha detto che arrivava alle 3.
Son las 7. Pensaba que iba a llegar a tiempo.
Sono le 7. Pensavo che arrivasse/sarebbe arrivato in tempo.

ESERCIZIO 60

Traduci le frasi al condizionale aiutandoti con le parole che vedi qui sotto.

de vez en cuando (ogni tanto); **museo de cera** (museo delle cere); **falta** (manca); **juntos** (insieme)

1 Mi piacerebbe uscire con te ogni tanto.

2 Sì, sarebbe fantastico.

3 Potremmo andare al supermercato o al museo delle cere.

4 Sì, ci divertiremmo un mondo.

5 Tu guarderesti Liz Taylor e mi baceresti.

....

6 E io penserei che non c'è latte in casa.

....

7 Andremmo a casa insieme e non avremmo niente da fare.

....

8 Poi usciremmo e vedremmo che sta per piovere.

....

9 Io avrei l'ombrello e lo aprirei.

....

10 Sarebbe tutto molto romantico.

....

PASO

ONCE

DE VIAJE

IN VIAGGIO

11

PASO ONCE

DE VIAJE

Adesso sei pronto per camminare con le tue gambe. Prima di salutarti, abbiamo pensato di farti un ultimo regalo. Il capitolo che stai per leggere punta a rafforzare le tue abilità orali in modo divertente, calandoti in una serie di contesti e situazioni in cui potresti trovarti benissimo anche tu.
E ora, una premessa importante.

La(s) lengua(s) española(s)
Perché **las lenguas**? Ci sono altri venti tomi che devi leggere prima di poter dire che parli spagnolo? Certo che no. Approfittiamo solo dell'occasione per dirti che in Spagna convivono cinque lingue ufficiali: il **catalán**, il **gallego**, il **vasco**, l'**aranés** e il **castellano**. Quest'ultimo è quello che viene comunemente identificato come spagnolo, la lingua parlata da tutti gli ispanofoni del mondo, pur con qualche differenza da nazione a nazione. Tecnicamente, dunque, tu e i 400 milioni di ispanofoni parlate il **castellano**. Anche le altre, però, sono lingue vere e proprie e lingue spagnole a tutti gli effetti. Al punto che in Spagna potrà capitarti spesso di trovare nomi di città, persone o prodotti in qualcuna di queste lingue.

PRONTO PER VIAGGIARE?
¿LISTO PARA VIAJAR?

Nelle prossime pagine seguiremo passo passo le avventure di Stefania e Davide, una giovane coppia di sposini che ha deciso di staccare la spina e concedersi un viaggio in Spagna. Stefania ha sempre sognato di conoscere le meraviglie di Madrid e vuole approfittarne per vedere una mostra di Picasso, del quale è una grande appassionata. Invece Davide, tifoso del Sassuolo, ha già comprato il biglietto per la partita Real Madrid-Sassuolo che si giocherà allo stadio Santiago Bernabéu.

Partiamo con il piede giusto...

- Per andare in Spagna è sufficiente la carta d'identità (in Spagna si chiama **Dni, Documento nacional de identidad**).
- Per chi fosse vissuto fuori dal mondo negli ultimi cinquant'anni, la Spagna fa parte dell'Ue e la moneta ufficiale è l'euro.

Ora iniziamo con i preparativi. Pronti a partire? **¡Vamos!**

BIGLIETTI ONLINE
BILLETES ONLINE

Grazie ai voli low cost, oggi puoi andare a Madrid spendendo meno che per un viaggio in treno Milano-Bologna. Se prenoti i biglietti sul sito di una compagnia spagnola, potresti trovarti di fronte ad alcune parole nuove. Ti riportiamo le più importanti. Prova a leggerle ad alta voce: se hai qualche dubbio ascolta i contenuti audio.

Avión = Aereo
Búsqueda = Ricerca
Aeropuerto de origen = Aeroporto di partenza
Destino = Destinazione
Billete = Biglietto
Ida y vuelta = Andata e ritorno
Fecha = Data
Reserva = Prenotazione
Confirmación = Conferma
Pago = Pagamento
Modificación del vuelo = Modifica del volo
Estado del vuelo = Stato del volo
Equipaje = Bagaglio
Objetos no permitidos = Oggetti non ammessi
Elegir asientos = Scegliere i posti
Tarjeta de embarque = Carta d'imbarco

Per scoprire altri vocaboli legati al viaggio vai alla **sezione EeE** in fondo al libro.

EeE 17 **Viajar**

AEREO
AVIÓN

In un batter d'occhio Stefania e Davide si trovano a bordo dell'aereo che li porterà a Madrid. La hostess si avvicina ai passeggeri chiedendo se desiderano qualcosa da bere.

H = **Hostess** (azafata)
S = **Stefania**

H **¿Algo para beber?**
Qualcosa da bere?

S **Sí, ¿qué tienen?**
Sì, cosa avete?

H **Tenemos té, café, leche, cerveza, agua mineral con gas o sin gas, limonada, zumo de fruta: naranja, manzana, piña...**
Abbiamo tè, caffè, latte, birra, acqua naturale o gassata, limonata, succo di frutta: arancia, mela, ananas...

S **Un vaso de agua sin gas, gracias.**
Un bicchiere d'acqua naturale, grazie.

H **¿Con hielo?**
Con ghiaccio?

S **Sí, por favor.**
Sì, grazie.

H **¿Y limón?**
E limone?

S **No, gracias.**
No, grazie.

Dopo un'ora e mezza di volo, l'aereo atterra al Terminal 1 dell'aeroporto di Madrid-Barajas. Davide e Stefania si piazzano davanti al nastro trasportatore. Pian piano, tutti si allontanano con i loro bagagli tranne i Bonaventura, a cui manca ancora una valigia, quella più grossa. Dopo un'ora di attesa capiscono che il bagaglio non arriverà.

BAGAGLI SMARRITI
EQUIPAJE PERDIDO

Passato il controllo passaporti, i nostri eroi si recano all'ufficio bagagli smarriti (**equipaje perdido**) e si rivolgono all'incaricato.

I = **Incaricato**
D = **Davide**

I **¿En qué vuelo viajaban?**
Su quale volo eravate?
D **El avión salía de Milán.**
Il volo è partito da Milano.
I **¿Cuántas son las maletas perdidas?**
Quante sono le valigie smarrite?
D **Sólo una.**
Soltanto una.
I **¿Me la puede describir, por favor?**
Me la può descrivere, per favore?
D **Claro que sí. Es grande y verde.**
Certo. È grande e verde.
I **¿En qué hotel se alojarán?**
In quale albergo alloggerete?
D **En el Hotel California.**
All'Hotel California.
I **¿Prefiere que le enviemos la maleta al hotel o la recoge aquí en el aeropuerto?**
Preferisce che le mandiamo la valigia in albergo o viene a prenderla qui in aeroporto?
D **Mejor al hotel, gracias.**
Meglio in albergo, grazie.
I **¿Me puede dejar un número de teléfono? Así podremos llamarla.**
Mi può lasciare un recapito telefonico? Così potremo contattarla.
D **Por supuesto.**
Certo.

Davide dà all'incaricato il suo numero di cellulare.

Leggi questi numeri ad alta voce per fare un po' di pratica (ricorda, più veloce sei, meglio è):

+39 343 2329078
+39 599 0905468
+39 954 4923528

BAGAGLIO
EQUIPAJE

TAXI
TAXI

Dall'aeroporto puoi arrivare comodamente nel centro di Madrid con la metropolitana. È una delle reti più sviluppate d'Europa, con ben 12 linee.

No John, non ci interessa quante ne ha quella di Londra... e poi tu sei di Birmingham! I nostri amici però non hanno voglia di aspettare e decidono di prendere un taxi. Ancora un po' smarriti dopo la disavventura del bagaglio, chiedono informazioni a un ragazzo.

D = **Davide**
R = **Ragazzo**
T = **Tassista**

D **Disculpe, ¿dónde podemos coger un taxi?**
Scusi, dove possiamo prendere un taxi?
R **Enfrente de la salida tienen la parada de taxi.**
Di fronte all'uscita trovate la fermata dei taxi.
D **Muchas gracias.**
Grazie mille.
R **De nada.**
Prego.

Sul taxi...

T **Buenos días señores, ¿adónde les llevo?**
Buongiorno signori, dove vi porto?
D **Buenos días, ¿nos lleva al Hotel California, por favor?**
Buongiorno, ci porta all'Hotel California, per favore?

T **De acuerdo. ¡Bienvenidos a Madrid!**
D'accordo. Benvenuti a Madrid!

Davanti all'albergo...

D **¿Cuánto le debo?**
Quanto le devo?
T **Son 30 euros, gracias.**
Sono 30 euro, grazie.
D **Aquí tiene. Adiós.**
Ecco qua. Arrivederci.
T **Bueno, hasta luego.**
Bene, arrivederci.

Il tassista avrebbe potuto dire: **¡Que disfruten de las vacaciones!** (Godetevi la vacanza), ma non l'ha fatto. Quasi sicuramente sperava in una mancia (**propina**) che non è arrivata.

Per scoprire altri termini legati al denaro vai alla **sezione EeE** in fondo al libro.

EeE 18 **Pagar**

HOTEL
HOTEL

Arrivati all'hotel, Stefania e Davide scoprono che le loro disavventure sono soltanto iniziate. A loro nome non c'è nessuna prenotazione, così sono costretti a cercarsi un alloggio alternativo. Con le ultime forze rimaste, decidono di chiamare un altro albergo.

R = **Receptionist** (recepcionista)
S = **Stefania**

R **Buenas tardes, Hotel Florida, ¿cómo puedo ayudarle?**
Buongiorno, Hotel Florida, come posso esserle utile?
S **Quisiera reservar una habitación, por favor.**
Vorrei prenotare una camera, per favore.
R **¿Para cuándo, señora?**
Per quando, signora?
S **¿Tiene algo disponible para esta misma noche?**
Ha qualcosa per questa notte?
R **¿Qué tipo de habitación desea?**
Che tipo di camera desidera?
S **Una habitación doble con cama de matrimonio, gracias.**
Una stanza doppia con letto matrimoniale, grazie.
R **Perfecto. Compruebo nuestra disponibilidad... Sí, nos queda una libre.**
Perfetto. Verifico la disponibilità... Sì, ne abbiamo ancora una libera.
S **Muy bien. ¿Cuánto cuesta la noche?**
Molto bene. Quanto costa a notte?
R **¿Con o sin desayuno incluido?**
Con o senza prima colazione inclusa?
S **Con desayuno, gracias.**
Con colazione, grazie.
R **Son 90 euros por noche.**
Sono 90 euro a notte.
S **Muy bien, me gustaría reservarla.**
D'accordo, vorrei prenotarla.

R **¿A nombre de...?**
A che nome?

S **Bonaventura.**
Bonaventura.

R **¿Puede deletrear por favor?**
Può farmi lo spelling per favore?

S **Be, o, ene, a, uve, e, ene, te, u, erre, a.**
Bi, o, enne, a, vi, e, enne, ti, u, erre, a.

R **Perfecto. Su número de reserva es 252. Gracias por haber elegido Hotel Florida. Buenas tardes.**
Perfetto. Il suo numero di prenotazione è 252. Grazie per aver scelto l'Hotel Florida. Buonasera.

S **Gracias, buenas tardes.**
Grazie, buonasera.

Giunti al Florida, i due si dirigono alla reception (**recepción**).

RECEPTION
RECEPCIÓN

S **Buenos días, hemos reservado una habitación a nombre de Bonaventura.**
Buongiorno, abbiamo prenotato una camera a nome Bonaventura.

R **Buenos días, ¿me pueden dar un documento, por favor?**
Buongiorno, potete darmi un documento per favore?

S **Aquí tiene. ¿Cuál es el horario del desayuno?**
Ecco. Qual è l'orario per la colazione?

R **De 8 a 10 de la mañana.**
Dalle 8 alle 10 del mattino.

S **¿El hotel cierra a alguna hora?**
L'albergo chiude a un certo punto?

R **Está siempre abierto. Pero si las puertas están cerradas, toquen el timbre. Aquí tienen sus llaves.**
Siamo sempre aperti, ma se le porte sono chiuse suonate il campanello. Ecco le vostre chiavi.

S **Muchas gracias.**
Grazie mille.

Lasciati i bagagli (anzi, il bagaglio) i nostri piccioncini escono per la passeggiata di rito nel centro della città.
La coppia si dirige subito verso il museo Reina Sofía, una delle prime tappe decise da Stefania.
Davide deve accontentarla, perché sa che domani potrà andare al Bernabéu a fare il tifo per la sua squadra del cuore, il Sassuolo.

¡CARAMBA, QUÉ SORPRESA!

I Bonaventura sono arrivati al museo. Stefania è molto emozionata. A un certo punto, con grande sorpresa di entrambi, davanti al famoso *Guernica* si materializza nientemeno che Pablito, il fantasma di Pablo Picasso. Alla vista di Stefania, il maestro sembra ritrovare l'ispirazione e, incantato dalla sua bellezza mediterranea, la abborda con il pretesto di farle un ritratto.

I tre cominciano a chiacchierare allegramente. Pablito spiega che, pur essendo nato a Málaga, adora Madrid per l'atmosfera internazionale che si respira e, senza troppi preamboli, si propone come guida personale.

S **¡Hombre! ¡Qué maravilla!**
Caspita! Che meraviglia!
D **¿Y mi retrato...?**
E il mio ritratto...?

PRENOTARE UN TAVOLO
RESERVAR UNA MESA

In Spagna la gente ama uscire a cena: in parole povere, quando vuoi riempirti la pancia è meglio prenotare con un certo anticipo. Come? Segui l'esempio di Davide (lui, che è un ansioso, ha alzato la cornetta alle 3 del pomeriggio, ma non serve che lo faccia anche tu).
C = **Cameriere** (camarero)
D = **Davide**

D **Buenas tardes, ¿Restaurante Don Pedro?**
Buonasera, Ristorante Don Pedro?
C **Sí señor, buenas tardes.**
Sì, buonasera.
D **Buenas tardes, quisiera reservar una mesa para dos personas y un fantasma, por favor.**
Buonasera, vorrei prenotare un tavolo per due persone e un fantasma, per favore.
C **Muy bien, señor, ¿para qué hora?**
Certo signore, per che ore?
D **Para las 8 y media, gracias.**
Per le 20.30, grazie.

C **Está bien. ¿Su nombre, por favor?**
Va bene. Il suo nome, per favore?

D **B-O-N-A-V-E-N-T-U-R-A.**
B-O-N-A-V-E-N-T-U-R-A.

C **Perfecto, señor Bonaventura, su mesa está reservada. Le recuerdo que los fantasmas no pagan cubierto.**
Molto bene, signor Bonaventura, il suo tavolo è prenotato. Le ricordo che i fantasmi non pagano il coperto.

D **Muchas gracias, hasta luego.**
Grazie mille, a più tardi.

C **Hasta luego, señor.**
A più tardi, signore.

Poco distante dal museo si trova il Parque del Buen Retiro, un grande parco che una volta era riservato alle passeggiate della regina e che oggi è uno dei punti di ritrovo preferiti dai **madrileños** e dai turisti. I lunghi viali e il famoso laghetto navigabile rendono l'atmosfera del Retiro decisamente romantica, e anche il fantasma di Pablito sembra subirne il fascino...

S **¡Qué lugar tan romántico!**
Che posto romantico!

P **Es la sonrisa de tus labios, que ilumina el cielo.**
È il sorriso delle tue labbra, che illumina il cielo.

D Spero che il cielo sia così anche domani, quando giocherà il Sassuolo...

S Sembra che ami più la sua squadra di me.

Finita l'escursione, Pablo saluta i Bonaventura, dopo aver promesso a Stefania che quando saranno soli la porterà a visitare i monumenti e i musei di Madrid. Il giorno dopo, infatti, Davide deve andare allo stadio per la partita dell'anno, e preferisce andarci da solo. Che sia una scusa per festeggiare a suon di **cerveza** la sicura vittoria del Sassuolo?

TRENI
TRENES

Ma le sorprese non finiscono qui: Luigi, amico di vecchia data del nostro Davide, ha deciso di raggiungerlo nella **capital** per vedere insieme a lui la partita. Arrivato a Barcellona in nave, ha deciso di percorrere l'ultimo tratto in treno e si presenta in biglietteria.

L = **Luigi**
I = **Impiegato** (empleado)

L **¿A qué hora sale el primer tren para Madrid?**
A che ora parte il primo treno per Madrid?
I **A las 8 de la mañana por la vía 5.**
Alle 8 del mattino dal binario 5.
L **¿Es un tren directo?**
È un treno diretto?
I **Claro que sí.**
Certo.
L **Entonces, deme un billete de ida y vuelta para Madrid, por favor.**
Allora mi dia un biglietto di andata e ritorno per Madrid, per favore.
I **Son 50 euros, gracias.**
Sono 50 euro, grazie.
L **¿Puedo pagar con tarjeta de crédito?**
Posso pagare con la carta di credito?
I **Por supuesto.**
Certo.

Sappiamo cosa ti stai chiedendo, e la risposta è sì: Luigi si è portato *Español da zero* da leggere in nave.

Nel frattempo...

Stefania e Pablo si incontrano nella centralissima Puerta del Sol, la piazza principale di Madrid, e decidono di fare colazione insieme. Lui, un po' fluttuante per via della sua natura fantasmatica (o forse per l'amore?), la invita in un famoso caffè della città.

BAR
CAFETERÍA

C = **Camarero**
P = **Pablo**
S = **Stefania**

C **Buenos días, ¿qué desean desayunar?**
Buongiorno, cosa desiderate per colazione?
P **¿Qué nos recomienda?**
Cosa ci consiglia?
C **Tenemos tostadas con mantequilla o mermelada, sándwich de jamón y queso, bollos, chocolate con churros...**
Abbiamo pane tostato con burro e marmellata, panini con prosciutto e formaggio, cornetti, cioccolata con churros...
P **Una taza de chocolate con churros, por favor.**
Per me una tazza di cioccolata con churros, per favore.
S **Para mí solo un café con hielo.**
Per me solo un caffè con ghiaccio.
P **¿Estás a dieta?**
Sei a dieta?

S **No, es que tú no tienes bolsillos y tendré que pagar yo...**
No, è che tu non hai le tasche e dovrò pagare io...

NOTA EDITORIALE
Il resto della conversazione è stato mantenuto segreto per esplicita richiesta degli interessati. La Casa Editrice declina ogni responsabilità per eventuali scappatelle dei protagonisti dei suoi libri.

MUSEI
MUSEOS

Eccoti alcune frasi utili che ti possono servire:

¿Dónde está el museo?
Dove si trova il museo?
¿A qué hora abre/cierra el museo?
A che ore apre/chiude il museo?
¿La entrada es gratuita?
L'ingresso è gratuito?
¿Está permitido sacar fotografías?
Si possono fare fotografie?
¿Cuánto cuesta la entrada?
Quanto costa l'ingresso?
¿Se hacen visitas guiadas?
Si fanno visite guidate?

Ora però torniamo a Pablito e ai Bonaventura: finito **el desayuno**, Stefania e l'ectoplasma stanno per salutarsi. Purtroppo il loro tempo a disposizione è scaduto e non ne resta altro per visitare musei e cattedrali. Davide si unisce a loro

dopo aver visto la sua squadra lottare contro i campioni spagnoli e perdere per sole 6 reti a 0.
Per lasciarsi la tristezza alle spalle, i tre iniziano a passeggiare per calle Mayor, dove si trovano molti negozi di souvenir e prodotti tipici spagnoli.
L'orario commerciale a Madrid è molto elastico, e in centro è possibile trovare diversi negozi aperti a qualsiasi ora.

PER STRADA
POR LA CALLE

Per chiedere indicazioni puoi dire:

Disculpe, estoy perdido/a.
Scusi, mi sono perso/a.
Perdone, ¿sabe dónde está...?
Scusi, sa dove si trova...?
Por favor, ¿sabe cómo llegar a...?
Per favore, sa come si arriva a...?
¿Cuál es el camino más corto para llegar a...?
Qual è la strada più breve per arrivare a...?
¿Hay un bar por aquí?
C'è un bar qui vicino?

Eccoti alcune indicazioni utili:

Siga por esta calle = Prosegua per questa via
Gire a la izquierda/a la derecha = Giri a sinistra/a destra
Más adelante = Più avanti
Más atrás = Più indietro
Todo recto = Sempre dritto
Más arriba/abajo = Più in su/in giù
Enfrente de = Di fronte a
Al lado de = Accanto/di fianco a
Cerca de/lejos de = Vicino a/lontano da

Eccoti alcuni nomi di negozi e attività commerciali:

Estanco = Tabaccheria
Frutería = Fruttivendolo
Grandes almacenes = Grandi magazzini
Heladería = Gelateria
Joyería = Gioielleria
Papelería = Cartoleria
Pastelería = Pasticceria
Perfumería = Profumeria
Tienda= Negozio
Zapatería = Negozio di scarpe

Per altri termini utili sulla città vai alla **sezione EeE** in fondo al libro.

EeE 19 **La ciudad**

SHOPPING
DE COMPRAS

All'ultimo (come al solito), Stefania nota qualcosa di carino nelle vetrine del **casco antiguo** (centro storico) e decide di fiondarsi in un negozietto interessante. Ecco alcune frasi utili per lo shopping:

¿Dónde puedo comprar...?
Dove posso comprare...?
¿Puedo probármelo?
Posso provarlo?
Es muy caro, ¿no tiene algo más barato?
È troppo caro, non ha qualcosa di più economico?
¿No tiene otros modelos?
Non ha altri modelli?
¿Aceptan tarjetas de crédito?
Accettate carte di credito?

Utilizzando la valigia smarrita all'aeroporto come scusa, Stefania, carta di credito alla mano, decide di non correre rischi e compra **cada uno** di questi capi. La foto dello scontrino te la risparmiamo ma, per capirci, questo è l'elenco degli acquisti:

ROPA = CAPI D'ABBIGLIAMENTO

Abrigo = Cappotto
Botas* = Stivali
Blusa = Camicia da donna
Camiseta = Maglietta
Camisa = Camicia da uomo
Chaqueta = Giacca
Falda = Gonna
Pantalones = Pantaloni
Vestido = Vestito da donna
Vaqueros = Jeans
Zapatos* = Scarpe

***Un par de zapatos/de botas** = un paio di scarpe/stivali

ROPA INTERIOR = INTIMO

Bragas = Mutande da donna
Calcetines = Calze
Calzoncillos = Mutande da uomo
Medias = Collant
Pijama = Pigiama
Sujetador = Reggiseno

COMPLEMENTOS = ACCESSORI

Bufanda = Sciarpa
Bolso = Borsa
Corbata = Cravatta
Cinturón = Cintura
Gorro = Cappellino con visiera
Guantes = Guanti
Sombrero = Cappello

È con un conto salato e con un abbraccio fantasma che i nostri amici si salutano. Qui ci salutiamo anche noi, con la speranza che questo corso ti abbia fatto appassionare all'**español**, una lingua non solo musicale ma anche utilissima.
Ora hai 400 milioni di persone in più con cui parlare, e le puoi trovare qui:

¡Hasta la próxima!

EXTRA Y EXCEPCIONES

EXTRA ED ECCEZIONI

EeE 1 – Acentos
EeE 2 – Números
EeE 3 – Masculino y femenino
EeE 4 – Plural (excepciones)
EeE 5 – Estados de ánimo
EeE 6 – Nacionalidades
EeE 7 – La hora
EeE 8 – El clima
EeE 9 – Verbos
EeE 10 – Familia
EeE 11 – Partes de la cara
EeE 12 – Comida
EeE 13 – Superlativos
EeE 14 – Participios irregulares
EeE 15 – Pretérito indefinido. Verbos irregulares
EeE 16 – En la oficina
EeE 17 – Viajar
EeE 18 – Pagar
EeE 19 – La ciudad

EXTRA ED ECCEZIONI

EXTRA Y EXCEPCIONES

PASO UNO

EeE 1

ACENTOS

Accenti

Le regole di accentazione in spagnolo sono abbastanza complicate: non è importante che tu le sappia a memoria. È invece essenziale che tu sia in grado di intonare la parola a seconda dell'accento che vedi scritto: in alcuni casi, infatti, spostando l'accento cambia anche il significato della parola.

Ecco un esempio che può aiutarti:

Esta = questa. Qui l'accento non è segnalato, quindi pronunci la parola esattamente come la diresti in italiano (esta).

Está = è. Qui l'accento è segnalato, quindi pronunci l'accento là dove lo vedi scritto (sulla a).

Altri casi da non confondere:

Bebe = Beve (lui) ⟶ **Bebé** = Bebè

Papa = Papa ⟶ **Papá** = Papà

In spagnolo ci sono alcune parole che si pronunciano allo stesso modo, per cui occorre distinguerle graficamente con un accento.

Vediamone alcune che ti serviranno spesso:

SENZA ACCENTO	CON L'ACCENTO
El = Il	**Él** = Lui
De = Di	**Dé** = Dia (che io dia, che lui dia)
Mi = Mio	**Mí** = Me
Se = Si	**Sé** = So (io)
Si = Se	**Sí** = Sì, sé
Te = Ti	**Té** = Tè (bevanda)
Tu = Tuo	**Tú** = Tu
Aun = Anche, persino	**Aún** = Ancora

Nel caso avessi deciso di cimentarti con la lingua scritta, invece, ecco un breve riepilogo che potrebbe esserti utile. Vogliono l'accento scritto:
- le **PAROLE TRONCHE** (cioè quelle in cui si accenta l'ultima sillaba) che finiscono in N, S o vocale: **París** (Parigi), **posición** (posizione), **café** (caffè);
- le **PAROLE PIANE** (cioè quelle che hanno l'accento sulla penultima sillaba) che finiscono con qualsiasi consonante diversa da N o S: **cónsul** (console), **López**, **carácter** (carattere); se la S è preceduta da una consonante, però, l'accento ci vuole: **bíceps** (bicipite), **cómics** (fumetti);
- le **PAROLE SDRUCCIOLE E BISDRUCCIOLE** (cioè quelle che hanno l'accento sulla terzultima o quartultima sillaba): **práctica** (pratica), **próximo** (prossimo), **jóvenes** (giovani), **digámoselo** (diciamoglielo).

PASO DOS

EeE 2

NÚMEROS
Numeri

Ora che conosci i numeri fino a 20 vedrai quanto sono semplici tutti gli altri. Si tratta solo di imparare le decine e poi di combinarle con i numeri da 1 a 9. Ascolta bene il file audio ed esercitati!

20 = **Veinte**
21 = **Veintiuno**
22 = **Veintidós**
23 = **Veintitrés**

e così via. Attento: dal trenta in avanti, l'unità e le decine si scrivono staccati, separati da **y**.

30 = **Treinta**
31 = **Treinta y uno**
32 = **Treinta y dos**
33 = **Treinta y tres**

e via dicendo fino al 39.

40 = **Cuarenta**
50 = **Cincuenta**

60 = **Sesenta**
70 = **Setenta**
80 = **Ochenta**
90 = **Noventa**
100 = **Cien**
101 = **Ciento uno**
200 = **Doscientos**
300 = **Trescientos**
1000 = **Mil**
1101 = **Mil ciento uno**
10,000 = **Diez mil**
100,000 = **Cien mil**
1,000,000 = **Un millón**

La parola **cien** si usa solo per indicare il numero 100, cioè la quantità tonda. Dal 100 in avanti si usa l'espressione **ciento**: **ciento uno**, **ciento dos** ecc.

NUMERI ORDINALI
Primero = Primo
Segundo = Secondo
Tercero = Terzo
Cuarto = Quarto
Quinto = Quinto
Sexto = Sesto
Séptimo = Settimo
Octavo = Ottavo
Noveno = Nono
Décimo = Decimo
Undécimo = Undicesimo
Duodécimo = Dodicesimo
Decimotercero = Tredicesimo
Decimocuarto = Quattordicesimo
Decimoquinto = Quindicesimo

Decimosexto = Sedicesimo
Decimoséptimo = Diciassettesimo
Decimoctavo = Diciottesimo
Decimonoveno = Diciannovesimo
Vigésimo = Ventesimo
Trigésimo = Trentesimo
Cuadragésimo = Quarantesimo
Quincuagésimo = Cinquantesimo
Sexagésimo = Sessantesimo
Septuagésimo = Settantesimo
Octogésimo = Ottantesimo
Nonagésimo = Novantesimo
Centésimo = Centesimo

MASCULINO Y FEMENINO
Maschile e femminile

Ricordi cosa abbiamo detto a proposito dei sostantivi al maschile e al femminile? Generalmente, i nomi che finiscono in **O** sono maschili e quelli che finiscono in **A** sono femminili. Se sei stato attento, ricorderai già alcune eccezioni. Ora sei pronto per impararne altre.

• I nomi che finiscono con una consonante possono essere

MASCHILI	O	FEMMINILI
Árbol = Albero		**Verdad** = Verità
Turrón = Torrone		**Nariz** = Naso
Césped = Prato		**Luz** = Luce

• Ci sono anche i sostantivi ambigui, che puoi declinare indifferentemente al maschile o al femminile a seconda dell'aggettivo con cui li combini:

MASCHILE	FEMMINILE
Mar Mediterráneo Mar Mediterraneo	**Alta mar** Alto mare

• Non seguono la solita regola (**O** maschile, **A** femminile) alcuni sostantivi maschili che finiscono in **-EMA**: **problema**, **sistema** ecc. Se ci pensi, è proprio come in italiano (come eccezione, in entrambe le lingue, diciamo **la crema**).

• Di solito sono maschili anche i sostantivi che finiscono in:

-AJE: **lenguaje** (linguaggio), **personaje** (personaggio) ecc.;
-OR: **humor** (umore), **calor** (calore) ecc. Attenzione, però: in spagnolo si dice **la flor** (il fiore).

• Generalmente sono femminili i sostantivi che finiscono in:

-CIA: **gracia** (grazia), **paciencia** (pazienza);
-CIÓN: **canción** (canzone), **emoción** (emozione);
-DAD: **ciudad** (città), **nacionalidad** (nazionalità);
-EZA: **pobreza** (povertà), **pureza** (purezza);
-SIÓN: **decisión** (decisione), **pasión** (passione);
-TAD: **amistad** (amicizia), **dificultad** (difficoltà);
-TUD: **actitud** (attitudine), **virtud** (virtù);
-UMBRE: **cumbre** (culmine), **certidumbre** (certezza);
-URA: **ternura** (tenerezza), **verdura** (verdura).

• Ci sono parole che al maschile o al femminile vogliono dire due cose diverse: per esempio, **acera** (marciapiede) e **acero** (acciaio), **libro** (libro) e **libra** (libbra). Infine, ci sono anche sostantivi che pur avendo la stessa terminazione cambiano significato a seconda dell'articolo che li precede. Vediamone qualcuno insieme.

MASCHILE	FEMMINILE
El calavera = Lo scapestrato	**La calavera** = Il teschio
El cometa = La cometa	**La cometa** = L'aquilone
El corte = Il taglio	**La corte** = La corte
El frente = Il fronte	**La frente** = La fronte
El gallina = Il codardo	**La gallina** = La gallina
El margen = Il margine, il bordo	**La margen** = La sponda
El pendiente = L'orecchino	**La pendiente** = La salita/la discesa

E ora, eccoti un elenco di parole che cambiano genere dall'italiano allo spagnolo:

NOMI MASCHILI IN SPAGNOLO E FEMMINILI IN ITALIANO	NOMI FEMMINILI IN SPAGNOLO E MASCHILI IN ITALIANO
El aire = L'aria	**La aguja** = L'ago
El arte* = L'arte	**La alcachofa** = Il carciofo
El banco = La banca/La panchina	**La almohada** = Il cuscino
El bolígrafo = La penna	**La alfombra** = Il tappeto
El bolsillo = La tasca	**La cárcel** = Il carcere
El cepillo = La spazzola	**La cuenta** = Il conto
El campo = La campagna	**La chimenea** = Il camino
El coche = La macchina	**La duda** = Il dubbio
El correo = La posta	**La flor** = Il fiore
El caramelo = La caramella	**La grasa** = Il grasso
El cigarrillo = La sigaretta	**La leche** = Il latte
El desayuno = La colazione	**La madera** = Il legno
El domingo = La domenica	**La mantequilla** = Il burro
El granizo = La grandine	**La miel** = Il miele
El lápiz = La matita	**La muñeca** = Il polso
El miedo = La paura	**La oficina** = L'ufficio
El papel = La carta	**La oreja** = L'orecchio
El plástico = La plastica	**La pimienta** = Il pepe
El partido** = La partita	**La rodilla** = Il ginocchio
El recibo = La ricevuta	**La sal** = Il sale
El teclado = La tastiera	**La señal** = Il segnale
El tigre = La tigre	**La serpiente** = Il serpente
El verano = L'estate	**La servilleta** = Il tovagliolo
El zapato = La scarpa	**La sonrisa** = Il sorriso

¡OJO!

*Il plurale di **el arte** è **las artes**.
Dici **el partido de fútbol (la partita di calcio) ma **la partida de ajedrez** (la partita di scacchi).

PLURAL (EXCEPCIONES)
Plurale (eccezioni)

Ora che hai capito la regola generale per formare il plurale, eccoti un po' di eccezioni per complicarti (ma non troppo) la vita.

• I sostantivi che finiscono con le lettere accentate Á, É, Ó si trasformano al plurale aggiungendo una **S**:

Papá ⟶ papás
Mamá ⟶ mamás
Bebé ⟶ bebés
Chimpancé ⟶ chimpancés

• I sostantivi che finiscono con le lettere accentate Í, Ú si trasformano al plurale aggiungendo una **S** oppure **ES** (puoi scegliere, sono entrambi corretti):

Israelí ⟶ israelís/israelíes
Bambú ⟶ bambús/bambúes

• I sostantivi che finiscono con una Y preceduta da vocale si trasformano al plurale aggiungendo **ES**:

Buey ⟶ bueyes
Rey ⟶ reyes.

¡OJO!

Questa regola non vale per le parole straniere: in quel caso il plurale si forma con **IS**:

Jersey ⟶ jerséis
Espray ⟶ espráis

PASO TRES

ESTADOS DE ÁNIMO
Stati d'animo

Alegre = Allegro
Asustado = Spaventato
Celoso = Geloso
Envidioso= Invidioso
Estresado = Stressato
Molesto = Irritato

Nervioso = Ansioso
Relajado = Rilassato
Sorprendido = Sorpreso
Tranquilo = Tranquillo

ASPECTO FÍSICO
Aspetto fisico

Atractivo = Attraente
Encantador = Affascinante
Fuerte = Forte
Hermoso = Bellissimo
Obeso = Obeso
Robusto = Robusto
Seductor = Seducente

EEE 6

NACIONALIDADES
Nazionalità

Australia ⟶ Australiano/australiana
Bolivia ⟶ Boliviano/boliviana
Brasil ⟶ Brasileño/brasileña
Canadá ⟶ Canadiense/canadiense
Chile ⟶ Chileno/chilena
Colombia ⟶ Colombiano/colombiana
Corea ⟶ Coreano/coreana
Costa Rica ⟶ Costarricense/costarricense
Cuba ⟶ Cubano/cubana
Santo Domingo ⟶ Dominicano/dominicana
Ecuador ⟶ Ecuatoriano/ecuatoriana
Egipto ⟶ Egipcio/ egipcia
Estados Unidos (USA) ⟶ Estadounidense/estadounidense
Grecia ⟶ Griego/griega
Guatemala ⟶ Guatemalteco/guatemalteca
Holanda ⟶ Holandés/holandesa

Inglaterra ⟶ Inglés/inglesa
Irán ⟶ Iraní/iraní
Irak ⟶ Iraquí/iraquí
Irlanda ⟶ Irlandés/irlandesa
Marruecos ⟶ Marroquí/marroquí
Nicaragua ⟶ Nicaragüense/nicaragüense
Paraguay ⟶ Paraguayo/paraguaya
Polonia ⟶ Polaco/polaca
Portugal ⟶ Portugués/portuguesa
Suecia (Svezia) ⟶ Sueco/sueca
Suiza (Svizzera) ⟶ Suizo/suiza
Tailandia ⟶ Tailandés/tailandesa
Venezuela ⟶ Venezolano/venezolana

PASO CUATRO

EeE 7

LA HORA
L'ora

Per dire l'ora tonda:

Son las cinco = Sono le cinque
Son las siete = Sono le sette
Son las once = Sono le undici

Per dire l'ora e i minuti:

Son las siete y cuarto = Sono le sette e un quarto
Son las siete menos cuarto = Sono le sette meno un quarto
Son las diez y veinte = Sono le dieci e venti
Son las diez menos veinte = Sono le dieci meno venti
Son las once y diez = Sono le undici e dieci
Son las once menos diez = Sono le undici meno dieci

¡OJO!

La mezz'ora non si indica mai con il numero **treinta**, ma solo con l'espressione **y media** (e mezzo):

Son las dos y media = Sono le due e mezzo

Come in italiano, se vuoi puoi specificare il momento della giornata in cui ti trovi. Attenzione però a come lo dici:

Es la una de la madrugada = È l'una di notte
Son las nueve de la noche = Sono le nove di sera
Son las cinco de la tarde = Sono le cinque del pomeriggio

Noche in questo caso equivale a sera. Per parlare della notte, dopo la mezzanotte usi la parola **madrugada**.

EeE 8

EL CLIMA
Il clima

El sol = Il sole
La lluvia = La pioggia
La nieve = La neve
El viento = Il vento
La nube = La nuvola
La niebla = La nebbia
El granizo = La grandine
La aguanieve = Il nevischio
El hielo = Il ghiaccio
La tormenta = La tempesta
El chaparrón = L'acquazzone
El trueno = Il tuono
El rayo = Il fulmine
El huracán = L'uragano
El tornado = Il tornado
La inundación = L'inondazione

EEE 9

VERBOS

Verbi

Per cominciare, ecco un breve elenco dei **verbi regolari** più usati.

Abrir = Aprire
Amarrar = Allacciare
Aprender = Imparare
Barrer = Spazzare
Borrar = Cancellare
Buscar = Cercare
Cambiar = Cambiare
Caminar = Camminare
Cantar = Cantare
Cocinar = Cucinare
Comer = Mangiare, pranzare
Comprar = Comprare
Deber = Dovere
Decidir = Decidere
Enviar = Inviare
Escribir = Scrivere
Escuchar = Ascoltare
Esperar = Aspettare
Estudiar = Studiare
Hablar = Parlare
Limpiar = Pulire
Llegar = Arrivare
Llorar = Piangere
Mandar = Comandare, mandare
Manejar = Gestire
Mirar = Guardare
Nadar = Nuotare
Necesitar = Avere bisogno
Pasear = Passeggiare
Recibir = Ricevere
Robar = Rubare
Saltar = Saltare
Subir = Salire
Temer = Temere
Tocar = Toccare, suonare
Trabajar = Lavorare
Usar = Usare
Viajar = Viaggiare
Visitar = Visitare
Votar = Votare

Al presente si coniugano così:

	CANTAR	COMER	ABRIR
YO	CANT**O**	COM**O**	ABR**O**
TÚ	CANT**AS**	COM**ES**	ABR**ES**
ÉL, ELLA, USTED	CANT**A**	COM**E**	ABR**E**
NOSOTROS (AS)	CANT**AMOS**	COM**EMOS**	ABR**IMOS**
VOSOTROS (AS)	CANT**ÁIS**	COM**ÉIS**	ABR**ÍS**
ELLOS (AS), USTEDES	CANT**AN**	COM**EN**	ABR**EN**

- **Verbi irregolari** (TOP 10)

	DAR DARE	**DECIR** DIRE	**HACER** FARE	**IR** ANDARE
YO	**DOY**	**DIGO**	**HAGO**	**VOY**
TÚ	**DAS**	**DICES**	**HACES**	**VAS**
ÉL, ELLA, USTED	**DA**	**DICE**	**HACE**	**VA**
NOSOTROS (AS)	**DAMOS**	**DECIMOS**	**HACEMOS**	**VAMOS**
VOSOTROS (AS)	**DAIS**	**DECÍS**	**HACÉIS**	**VAIS**
ELLOS (AS), USTEDES	**DAN**	**DICEN**	**HACEN**	**VAN**

	OÍR UDIRE, SENTIRE	**PONER** METTERE	**SABER** SAPERE
YO	**OIGO**	**PONGO**	**SÉ**
TÚ	**OYES**	**PONES**	**SABES**
ÉL, ELLA, USTED	**OYE**	**PONE**	**SABE**
NOSOTROS (AS)	**OÍMOS**	**PONEMOS**	**SABEMOS**
VOSOTROS (AS)	**OÍS**	**PONÉIS**	**SABÉIS**
ELLOS (AS), USTEDES	**OYEN**	**PONEN**	**SABEN**

	SALIR USCIRE	**TRAER** PORTARE	**VENIR** VENIRE
YO	**SALGO**	**TRAIGO**	**VENGO**
TÚ	**SALES**	**TRAES**	**VIENES**
ÉL, ELLA, USTED	**SALE**	**TRAE**	**VIENE**
NOSOTROS (AS)	**SALIMOS**	**TRAEMOS**	**VENIMOS**
VOSOTROS (AS)	**SALÍS**	**TRAÉIS**	**VENÍS**
ELLOS (AS), USTEDES	**SALEN**	**TRAEN**	**VIENEN**

- **Verbi con cambio vocalico (O ⟶ UE)**

	ACOSTARSE CORICARSI	CONTAR CONTARE/RACCONTARE
YO	ME ACUESTO	CUENTO
TÚ	TE ACUESTAS	CUENTAS
ÉL, ELLA, USTED	SE ACUESTA	CUENTA
NOSOTROS (AS)	NOS ACOSTAMOS	CONTAMOS
VOSOTROS (AS)	OS ACOSTÁIS	CONTÁIS
ELLOS (AS), USTEDES	SE ACUESTAN	CUENTAN

	ENCONTRAR TROVARE	MOVER MUOVERE	PROBAR PROVARE
YO	ENCUENTRO	MUEVO	PRUEBO
TÚ	ENCUENTRAS	MUEVES	PRUEBAS
ÉL, ELLA, USTED	ENCUENTRA	MUEVE	PRUEBA
NOSOTROS (AS)	ENCONTRAMOS	MOVEMOS	PROBAMOS
VOSOTROS (AS)	ENCONTRÁIS	MOVÉIS	PROBÁIS
ELLOS (AS), USTEDES	ENCUENTRAN	MUEVEN	PRUEBAN

	RECORDAR RICORDARE	VOLAR VOLARE	VOLVER TORNARE
YO	RECUERDO	VUELO	VUELVO
TÚ	RECUERDAS	VUELAS	VUELVES
ÉL, ELLA, USTED	RECUERDA	VUELA	VUELVE
NOSOTROS (AS)	RECORDAMOS	VOLAMOS	VOLVEMOS
VOSOTROS (AS)	RECORDÁIS	VOLÁIS	VOLVÉIS
ELLOS (AS), USTEDES	RECUERDAN	VUELAN	VUELVEN

- **Verbi con cambio vocalico (E ⟶ IE)**

	CERRAR CHIUDERE	**DESPERTAR** SVEGLIARE	**ENCENDER** ACCENDERE
YO	**CIERRO**	**DESPIERTO**	**ENCIENDO**
TÚ	**CIERRAS**	**DESPIERTAS**	**ENCIENDES**
ÉL, ELLA, USTED	**CIERRA**	**DESPIERTA**	**ENCIENDE**
NOSOTROS (AS)	**CERRAMOS**	**DESPERTAMOS**	**ENCENDEMOS**
VOSOTROS (AS)	**CERRÁIS**	**DESPERTÁIS**	**ENCENDÉIS**
ELLOS (AS), USTEDES	**CIERRAN**	**DESPIERTAN**	**ENCIENDEN**

	NEGAR NEGARE	**PERDER** PERDERE	**QUERER** VOLERE	**TEMBLAR** TREMARE
YO	**NIEGO**	**PIERDO**	**QUIERO**	**TIEMBLO**
TÚ	**NIEGAS**	**PIERDES**	**QUIERES**	**TIEMBLAS**
ÉL, ELLA, USTED	**NIEGA**	**PIERDE**	**QUIERE**	**TIEMBLA**
NOSOTROS (AS)	**NEGAMOS**	**PERDEMOS**	**QUEREMOS**	**TEMBLAMOS**
VOSOTROS (AS)	**NEGÁIS**	**PERDÉIS**	**QUERÉIS**	**TEMBLÁIS**
ELLOS (AS), USTEDES	**NIEGAN**	**PIERDEN**	**QUIEREN**	**TIEMBLAN**

PASO SEIS

EEE 10

FAMILIA
Famiglia

Bisabuelo = Bisnonno
Bisabuela = Bisnonna
Cuñado = Cognato
Cuñada = Cognata
Hermanastra = Sorellastra

Hermanastro = Fratellastro
Hijastra = Figliastra
Hijastro = Figliastro
Madrastra = Matrigna
Nuera = Nuora
Padrastro = Patrigno
Suegro = Suocero
Suegra = Suocera
Yerno = Genero

PARTES DE LA CARA
Parti del volto

Barbilla = Mento
Boca = Bocca
Cabeza = Testa
Cara = Faccia
Cejas = Sopracciglia
Dientes = Denti
Frente = Fronte
Labios = Labbra
Mejilla = Guancia
Nariz = Naso
Ojo = Occhio
Oreja = Orecchio
Pestañas = Ciglia
Pelo = Capelli
Párpado= Palpebra
Señas particulares = Segni particolari
Arrugas = Rughe
Barba = Barba
Bigotes = Baffi
Pecas = Lentiggini

PASO SIETE

EeE 12 COMIDA
Cibo

Plato = Piatto
Vaso = Bicchiere
Tenedor = Forchetta
Cuchillo = Coltello
Cuchara = Cucchiaio
Cucharita = Cucchiaino
Servilleta = Tovagliolo
Botella = Bottiglia
Lata = Lattina
Taza = Tazza
Carne = Carne
Pescado = Pesce
Huevos = Uova
Queso = Formaggio
Verduras = Verdura
Legumbres = Legumi
Arroz = Riso
Ensalada = Insalata
Pan = Pane

PASO NUEVE

EeE 13 SUPERLATIVOS
Superlativi

	SINGOLARE	PLURALE
MASCHILE	**-ÍSIMO**	**-ÍSIMOS**
FEMMINILE	**-ÍSIMA**	**-ÍSIMAS**

Se l'aggettivo finisce con una consonante basta aggiungere la terminazione corrispondente:

Débil (debole) ⟶ Debil**ísimo/a/os/as** (debolissimo/a/i/e)
Fácil (facile) ⟶ Facil**ísimo/a/os/as** (facilissimo/a/i/e)

Se l'aggettivo finisce con una vocale devi eliminare la vocale e aggiungere la stessa terminazione:

Barato (economico) ⟶ Baratí**simo**
Baratos (economici) ⟶ Baratí**simos**
Barata (economica) ⟶ Baratí**sima**
Baratas (economiche) ⟶ Baratí**simas**

Le sillabe **-co**, **-ca** diventano **-quísimo** e **-quísima**:

Rico (ricco) ⟶ Ri**quísimo**
Ricos (ricchi) ⟶ Ri**quísimos**
Rica (ricca) ⟶ Ri**quísima**
Ricas (ricche) ⟶ Ri**quísimas**

EeE 14 PARTICIPIOS IRREGULARES

Participi irregolari

Coprire = **Cubrir** ⟶ **Cubierto**
Restituire = **Devolver** ⟶ **Devuelto**
Imporre = **Imponer** ⟶ **Impuesto**
Opporre = **Oponer** ⟶ **Opuesto**
Prevedere = **Prever** ⟶ **Previsto**
Proporre = **Proponer** ⟶ **Propuesto**
Risolvere = **Resolver** ⟶ **Resuelto**
Soddisfare = **Satisfacer** ⟶ **Satisfecho**

EeE 15

PRETÉRITO INDEFINIDO. VERBOS IRREGULARES

Passato remoto. Verbi irregolari

	AVERIGUAR INFORMARSI	**DAR** DARE	**DECIR** DIRE	**DORMIR** DORMIRE
YO	**AVERIGÜÉ**	**DI**	**DIJE**	**DORMÍ**
TÚ	**AVERIGUASTE**	**DISTE**	**DIJISTE**	**DORMISTE**
ÉL, ELLA, USTED	**AVERIGUÓ**	**DIO**	**DIJO**	**DURMIÓ**
NOSOTROS (AS)	**AVERIGUAMOS**	**DIMOS**	**DIJIMOS**	**DORMIMOS**
VOSOTROS (AS)	**AVERIGUASTEIS**	**DISTEIS**	**DIJISTEIS**	**DORMISTEIS**
ELLOS (AS), USTEDES	**AVERIGUARON**	**DIERON**	**DIJERON**	**DURMIERON**

	HABER AVERE (AUSILIARE)	**LANZAR** LANCIARE	**LLEGAR** ARRIVARE
YO	**HUBE**	**LANCÉ**	**LLEGUÉ**
TÚ	**HUBISTE**	**LANZASTE**	**LLEGASTE**
ÉL, ELLA, USTED	**HUBO**	**LANZÓ**	**LLEGÓ**
NOSOTROS (AS)	**HUBIMOS**	**LANZAMOS**	**LLEGAMOS**
VOSOTROS (AS)	**HUBISTEIS**	**LANZASTEIS**	**LLEGASTEIS**
ELLOS (AS), USTEDES	**HUBIERON**	**LANZARON**	**LLEGARON**

	OÍR UDIRE	**PEDIR** CHIEDERE	**PESCAR** PESCARE	**PODER** POTERE
YO	**OÍ**	**PEDÍ**	**PESQUÉ**	**PUDE**
TÚ	**OÍSTE**	**PEDISTE**	**PESCASTE**	**PUDISTE**
ÉL, ELLA, USTED	**OYÓ**	**PIDIÓ**	**PESCÓ**	**PUDO**
NOSOTROS (AS)	**OÍMOS**	**PEDIMOS**	**PESCAMOS**	**PUDIMOS**
VOSOTROS (AS)	**OÍSTEIS**	**PEDISTEIS**	**PESCASTEIS**	**PUDISTEIS**
ELLOS (AS), USTEDES	**OYERON**	**PIDIERON**	**PESCARON**	**PUDIERON**

	PONER METTERE	**QUERER** VOLERE	**SABER** SAPERE
YO	**PUSE**	**QUISE**	**SUPE**
TÚ	**PUSISTE**	**QUISISTE**	**SUPISTE**
ÉL, ELLA, USTED	**PUSO**	**QUISO**	**SUPO**
NOSOTROS (AS)	**PUSIMOS**	**QUISIMOS**	**SUPIMOS**
VOSOTROS (AS)	**PUSISTEIS**	**QUISISTEIS**	**SUPISTEIS**
ELLOS (AS), USTEDES	**PUSIERON**	**QUISIERON**	**SUPIERON**
	TRAER PORTARE	**VER** VEDERE	**VENIR** VENIRE
YO	**TRAJE**	**VI**	**VINE**
TÚ	**TRAJISTE**	**VISTE**	**VINISTE**
ÉL, ELLA, USTED	**TRAJO**	**VIO**	**VINO**
NOSOTROS (AS)	**TRAJIMOS**	**VIMOS**	**VINIMOS**
VOSOTROS (AS)	**TRAJISTEIS**	**VISTEIS**	**VINISTEIS**
ELLOS (AS), USTEDES	**TRAJERON**	**VIERON**	**VINIERON**

EeE 16

EN LA OFICINA
In ufficio

Director, directora = Direttore, direttrice
Director comercial = Direttore commerciale
Parado = Disoccupato
Despedido = Licenziato
Jefe = Capo/datore di lavoro
Jubilado = Pensionato

Licenciado = Laureato

Recepcionista = Receptionist
Secretario, secretaria = Segretario, segretaria

PASO ONCE

EeE 17 VIAJAR
Viaggiare

Aduana = Dogana
Aeropuerto = Aeroporto
Aparcamiento = Parcheggio
Billete = Biglietto
Estación de tren = Stazione ferroviaria
Estación de autobuses = Stazione degli autobus
Horario = Orario
Ida = Andata
Llegada = Arrivo
Pasaporte = Passaporto
Salida = Partenza
Retraso = Ritardo
Visado = Visto
Vuelta = Ritorno

EeE 18 PAGAR
Pagare

Billetes = Banconote
Céntimos = Centesimi
Efectivo = Contanti
Euro/euros = Euro
Monedas = Monete
Vuelta = Resto
Propina = Mancia
Tarjeta de crédito = Carta di credito
Cajero automático = Sportello bancomat

EeE 19

LA CIUDAD
La città

Castillo = Castello
Catedral = Cattedrale
Guía = Guida
Hostal = Ostello
Hotel = Albergo, hotel
Habitación doble = Camera doppia
Habitación individual = Camera singola
Iglesia = Chiesa
Mapa = Cartina
Parque = Parco

SOLUCIONES

SOLUZIONI

SOLUZIONI

SOLUCIONES

PASO DOS

ESERCIZIO 1

Ciao, sono John, ho 22 anni e sono un cantante molto famoso. E tu come ti chiami?

ESERCIZIO 2

1. Hola, soy Dolores, encantada de conocerte.
2. Buenos días Dolores, yo me llamo Remedios.
3. ¡Oh! Hola Remedios, encantada.
4. Hasta mañana, Dolores.
5. ¡Hasta pronto!

ESERCIZIO 5

Profesora
Reina
Vecina
Estudiante
Mujer
Señora

ESERCIZIO 6

Hay dos chimpancés y dos plátanos en el árbol.

PASO TRES

ESERCIZIO 7

1. ¿Qué día es hoy?
2. Es domingo, voy a correr.
3. ¿Cuándo?

4 Por la noche.
5 Estamos en invierno: ¿estás bien?
6 Regular

ESERCIZIO 9

Lo siento, pero tú eres muy **ALTO**.
Lo siento, pero tú eres muy **GORDO**.
Lo siento, pero tú eres muy **VIEJO**.
Lo siento, pero tú eres muy **JOVEN**.
Lo siento, pero tú eres un **LOCO**.

ESERCIZIO 10

1 Estoy **MUY** triste de estar aquí.
2 Vuelvo a casa, es **MUY** tarde.
3 Hay **MUCHAS** chicas en este ascensor.
4 Me gusta **MUCHO** ir a la playa.
5 No tienes **MUCHOS** amigos.
6 Gracias, eres **MUY** amable.

ESERCIZIO 12

1 Raquel **ES** enfermera y **ES** de Madrid.
2 Ahora Raquel **ESTÁ** de vacaciones en Canadá.
3 Piedad **ES** muy simpática, pero hoy **ESTÁ** un poco triste.
4 Los niños **ESTÁN** en casa y sus padres **ESTÁN** muy cansados.
5 ¿De dónde **SON** ustedes? De Andalucía.

PASO CUATRO

ESERCIZIO 13

1 ¿Qué hora es, por favor?
2 Son las tres y hace viento.
3 Hace sol y son las cuatro y media.
4 Son las seis y cuarto y hace frío.
5 Es la una y hace mucho calor.

ESERCIZIO 14

1 ¿Qué haces? ¿Por qué no damos una vuelta?
2 No. Hace frío.
3 No hacemos nunca nada. Me da rabia.
4 Hago un café.
5 Me da asco. Yo hago las maletas.
6 No pasa nada.

ESERCIZIO 15

1 Sonia mangia come il suo gatto.
2 Parli spagnolo? Non capisco. Io parlo solo cinese.
3 Marcos e i suoi genitori corrono in bagno.
4 La mia famiglia e io viviamo sulla Luna.
5 Lavo i piatti tutti i mesi.

ESERCIZIO 16

1 Yo **AMO** a mi gato.
2 Mi gato **LEE** libros de filosofía.
3 Mi gato y yo **BEBEMOS** vino y **COCINAMOS** platos chinos.
4 Mis amigos **COMEN** con mi gato.
5 Nosotros **BAILAMOS** mucho y **DISCUTIMOS** poco.
6 Vosotros no **HABLÁIS** con mi gato. Vosotros **MIRÁIS** y **APLAUDÍS**.

ESERCIZIO 17

1 Desayuno a las...
2 Voy al trabajo a las...
3 Practico deporte a las...
4 Ceno a las...
5 Me acuesto a las...

ESERCIZIO 18

1 **ÉSTA** es mi pulsera.
2 ¡**ÉSE** es mi novio!

3 **AQUÉLLA** es mi casa.
4 ¡**ESTE** vestido es mío!

PASO CINCO

ESERCIZIO 19

1 Forma interrogativa: ¿Alicia baila en el baño todos los sábados?
Forma negativa: Alicia no baila en el baño todos los sábados.
2 Forma interrogativa: ¿Conchita vive en el coche de Paco?
Forma negativa: Conchita no vive en el coche de Paco.
3 Forma interrogativa: ¿El español es un idioma fácil?
Forma negativa: El español no es un idioma fácil.
4 Forma interrogativa: ¿John Peter Sloan sabe hablar español?
Forma negativa: John Peter Sloan no sabe hablar español.

ESERCIZIO 20

1 Rosa è ubriaca e stanca.
2 Il dottore non è una lampada.
3 Rosa ha 93 anni e il dottore è molto solo.
4 Rosa e il dottore sono in una clinica.
5 Rosa e il dottore sono innamorati.
6 Rosa no es joven y no está loca.
7 El doctor no está borracho.
8 Rosa no es una lámpara.
9 El doctor no está enamorado de Rosa.
10 Esta historia es tonta.

ESERCIZIO 21

2 Hay dos piñas marrones entre Piedad y Remedios.
3 Hay cuatro plátanos amarillos encima de la mesa.
4 Hay siete sandías verdes detrás de John.
5 Hay tres fresas rojas debajo de la cama.

ESERCIZIO 22

1 Si tú estás lejos no hay nada...
2 El frigorífico está vacío, no hay nadie en la cama...
3 No hay pájaros, no hay flores, no hay palabras...
4 Sólo hay lágrimas...

ESERCIZIO 23

1 Camarero, ¡**HAY** una mosca en mi sopa!
2 ¿Dónde **ESTÁ** el conejo?
3 París **ESTÁ** en Francia.
4 En Francia **HAY** muchos franceses.
5 En mi cama no **HAY** nadie.
6 Mi marido **ESTÁ** en la calle.

ESERCIZIO 24

1 A: ¡Hola!
2 G: Buenos días.
3 A: ¡Eres muy guapa! ¿Cómo te llamas?
4 G: Gertrude, soy alemana y estoy aburrida, ¿y tú?
5 A: Me llamo Alain Delon, soy viejo, feliz y soy francés.
6 G: ¡Anda! ¿Qué hora es, por favor?
7 A: ¡Hace sol!
8 G: ¡Pues bien! ¿Qué hora es, por favor?
9 A: Son las dos.
10 G: Gracias.
11 A: Eres muy flaca. ¿Tienes hambre?
12 G: No, gracias, Alain, estoy sólo aburrida.
13 A: Oh, Gertrude, yo estoy loco y borracho, pero te amo.
14 G: Eres muy romántico y eres guapo... pero eres francés. Lo siento.
15 A: Tú no estás borracha. ¡Bebe, bebe!
16 G: ¡Qué calor y qué viento! La noche es tan romántica... ¿Dónde está tu hermano?
17 A: Mis dos hermanos no están porque están tristes y cansados.

18 G: Yo no estoy borracha y no soy estúpida, no soy alemana y no soy una mujer.
19 A: ¿Y qué eres?
20 G: Estoy sólo aburrida.

PASO SEIS

ESERCIZIO 25

1 Mia sorella ha un fratello molto bello.
2 I miei zii hanno un nipote molto famoso.
3 I miei cugini hanno un cugino che è un genio.
4 Mia nonna ha un nipote molto giovane.
5 La mia fidanzata Concy ha un fidanzato molto inglese.

ESERCIZIO 27

1 Mis amigos están locos.
2 Sus calcetines están sucios.
3 Nuestros libros están abiertos.
4 Tus hijos son viejos.
5 Vuestras botellas están llenas.
6 Sus abuelos son insoportables.
7 Mi ex novia es brava.
8 Mis nuevas novias no.

ESERCIZIO 28

1 Ese perro tuyo no me gusta.
2 Ese perro no es mío.
3 ¿Y de quién es?
4 Es de Juan.
5 ¿Y quién es Juan?
6 Es un amigo nuestro.

ESERCIZIO 29

1 Tengo miedo.
2 Tengo suerte.

3 Tengo prisa.
4 Tengo frío.
5 Tengo dolor de cabeza.

ESERCIZIO 30

1 Tengo hambre, tengo sueño y estoy triste y solo.
2 Ellos tienen miedo y tienen ganas de gritar.
3 Tú tienes prisa y si corres tienes dolor de espalda.
4 Nosotros tenemos dolor de muelas pero no tenemos pelos en la lengua.
5 Tenéis razón pero no tenéis suerte.
6 Ella tiene atractivo y tiene gripe.

ESERCIZIO 31

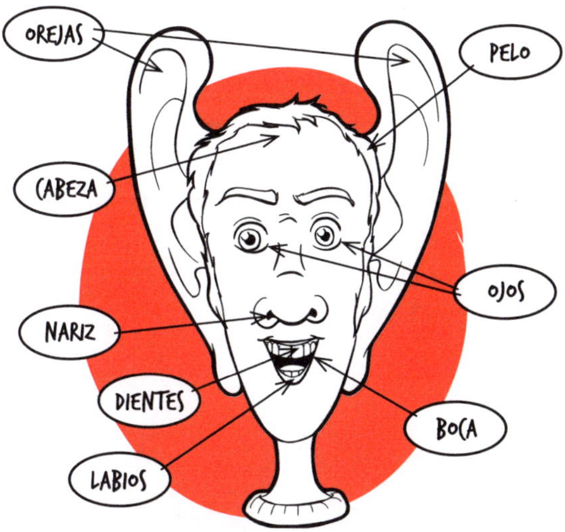

ESERCIZIO 32

1 Yo estoy contento porque tengo un sombrero rojo.
2 Yo no tengo pelo.
3 Ellos tienen mucho trabajo y están felices.
4 ¿Tienes ganas de subir?

5 Él está triste porque no tiene dinero.
6 Ellos están enfadados porque no tienen las entradas para el concierto.
7 Ella va de prisa porque su padre no tiene coche.
8 Tengo mucha suerte porque estoy contigo.

ESERCIZIO 33

1 Tienen que hacer las maletas.
2 Tienen que hacer la compra.
3 Tienen que comprar un regalo.
4 Tienen que elegir la película.
5 Tiene que limpiar la casa.

ESERCIZIO 34

A ¡Hey! Yo tengo dos cabras y dos vacas. ¿Y tú?
C Yo tengo tres cerdos, cinco toros y un perro nuevo. ¿Y qué?
A Lo digo porque ellos tienen muchos.
M ¡Buuhh! Ellos tienen solo animales viejos. Yo tengo 13 pollos y 70 abejas.
J ¿En serio? Yo tengo 17 caballos blancos y un pequeño mono sin plátanos.
M ¡Hey! ¡No te olvides! Yo también tengo 40 camellos, incluida mi mujer.
A Sí, pero yo tengo una mujer y un cocodrilo; tienen la misma boca.
J Mis conejos negros son preciosos y mis ovejas son tan simpáticas...
A No, tú no tienes conejos negros ni ovejas simpáticas.
J ¿Por qué?
A Pregúntale a mi nuevo lobo.

PASO SIETE

ESERCIZIO 35

1 **DISCULPE/PERDONE** señor.
2 **DISCULPE/PERDONE**, ¿tiene hora?
3 **POR FAVOR/PERDONA**, ¿me pasas el pan?
4 **DISCULPA/PERDONA/LO SIENTO**, pero tengo que darle de comer al perro. **GRACIAS** por la invitación.

ESERCIZIO 37

1 Voy a casa: ¿quieres **VENIR** conmigo?
2 ¿Puedes **VENIR** aquí un momento, por favor?
3 Ahora estoy en China. El domingo **VOY** a tu casa.
4 Ahora estoy en la playa. **VENGO** a la playa todos los domingos.
5 ¿Qué haces? ¿**VAS** con María o te **VIENES** conmigo?

ESERCIZIO 38

1 Éste es mi libro **DE** español.
2 John estudia español **DE** domingo a lunes.
3 **DESDE** mi casa veo las montañas.
4 ¿Tienes el periódico **DE** ayer?
5 Estoy en la cafetería **DESDE** las 6.

ESERCIZIO 39

1 John, ¿**LLEVAS** tú a los niños al colegio?
2 John, ¿me **TRAES** la falda que está en la sala?
3 Es mejor **LLEVARSE** el paraguas porque va a llover.
4 Camarero, ¿nos **TRAE** dos cafés, por favor?
5 Amor, me **LLEVAS** a la Luna, por favor?

ESERCIZIO 40

1 Te **PIDO** un consejo.
2 Me **PREGUNTAS** la hora.
3 Me **PIDE** disculpas.
4 Te **PREGUNTAN** por qué lo haces.
5 Te doy lo que me **PIDES**.
6 ¿Te puedo **PREGUNTAR** por qué?
7 ¡Hombre, me **PEDÍS** lo imposible!

ESERCIZIO 41

1 Paso **POR** Madrid **PARA** ir a Milán.
2 Gracias **POR** tu llamada.

3 Todos los días vamos a pasear **POR** el parque.
4 Este ejercicio es **PARA** mañana.
5 El niño no duerme **POR** la noche.
6 Voy a la playa **PARA** nadar.
7 Siempre me escribe **POR** e-mail.
8 Ese regalo es **PARA** ti.
9 Me voy de Londres **POR** la lluvia.
10 Te compro tu teléfono **POR** 100 euros.

PASO OCHO

ESERCIZIO 42

1 **VIVO** en Milán, pero soy de Birmingham.
Vivo a Milano, ma sono di Birmingham.
2 Mi abuelo **VIVE** en Atenas con su novia. Está enamorado.
Mio nonno vive ad Atene con la sua fidanzata. È innamorato.
3 ¿Tú **VIVES** en Florencia? Muchos amigos míos **VIVEN** allí.
Tu vivi a Firenze? Molti amici miei vivono lì.
4 Nosotros **VIVIMOS** en Venecia, ¿y tú dónde **VIVES**?
Noi viviamo a Venezia, e tu dove vivi?
5 Vosotros **VIVÍS** en Lisboa. ¿Sois felices?
Voi vivete a Lisbona. Siete felici?

ESERCIZIO 43

1 Él viene de los Estados Unidos.
2 Yo estoy en la cama con su amigo.
3 Mis abuelos van al gimnasio todos los domingos.
4 Nosotros vivimos en el sexto piso.
5 Voy a la escuela con mi hijo en tren.
6 ¿Vas al trabajo en coche?
7 Pedro va hacia casa.
8 Vamos a la piscina porque tenemos calor.
9 Vengo del supermercado y voy a la cama.

ESERCIZIO 44

1 Entre semana me levanto **A** las 7 **DE** la mañana.
2 Nos vemos **HACIA** las 4 (más o menos).
3 Los niños no van **AL** colegio **EN** verano.
4 Este fin de semana me levanto **A** mediodía.
5 Nos vemos **EN** dos días.
6 Me voy de vacaciones **EN** diciembre.

ESERCIZIO 45

1 Voy a París en taxi.
2 Estamos en diciembre y yo estoy en la cama.
3 Nos vemos en dos semanas en el bar.
4 Vienen de la escuela en tren y van al supermercado en avión.
5 ¿Vamos en bicicleta a Pekín?
6 Vamos a tu casa en verano.
7 Voy hacia el centro a caballo. Nos vemos hacia las cuatro.
8 Estamos en Chile, pero esta semana vamos al cine en Argentina.
9 ¿Estás en la oficina o en el gimnasio?
10 Te espero en la cocina a las nueve de la noche.

ESERCIZIO 46

1 ¿Qué estás haciendo?
2 Me estoy aburriendo, ¿y tú?
3 Yo me estoy muriendo. Hace mucho calor.
4 Bebe algo. Yo estoy bebiendo una Coca-Cola.
5 No puedo. En casa no hay nada y el frigorífico se está rompiendo.
6 Sal. Afuera está lloviendo.
7 No. Aquí hay un incendio y se está quemando todo.
8 ¿No estás exagerando?
9 No, eres tú que no me estás escuchando.
10 No más, me estás molestando.
11 Yo estoy sudando.

PASO NUEVE

ESERCIZIO 47

1 ¿Hay alguien?
2 No, no hay nadie.
3 Disculpa, hay poca luz y veo poco.
4 Ningún problema. Yo veo bastante y no veo a nadie.
5 Mejor así. ¿Qué haces?
6 Nada. Estoy sentado.
7 Ya es algo.
8 Así es. ¿Y tú, de dónde vienes?
9 Del trabajo. Estoy muy cansado. Estoy trabajando demasiado.
10 Trabaja menos. Yo trabajo poco porque estoy muy cansado.

ESERCIZIO 48

1 Mi abuela tiene una caries. Tiene que ir al **DENTISTA**.
2 A mi madre le gustan los incendios y detesta a los **BOMBEROS**.
3 Yo prefiero los libros, por eso soy **ESCRITOR/ESCRITORA**.
4 A mi hermano le gusta robar, por eso tiene un buen **ABOGADO**.
5 A mi tío no le gusta mi hermano. Mi tío es **POLICÍA**.

ESERCIZIO 49

1 Penélope Cruz es la actriz más famosa de España.
2 Yo no soy española y soy menos famosa que Penélope Cruz.
3 Soy menos rica que ella porque tengo menos dinero que ella.
4 Pero soy más simpática que ella.
5 Además estoy menos estresada.
6 Penélope Cruz trabaja demasiado. Seguro que trabaja más que yo.
7 Yo no trabajo y soy la mujer más afortunada del mundo.

ESERCIZIO 50

1 ¡Blanca! ¿Qué haces aquí?
2 ¿No lo ves? Estoy morenísima. En cambio, tu estás palidísima.
3 Estoy estresadísima. La playa, el sol... La vida aquí es durísima.

4 Sí. Son días pesadísimos. Los mariscos son estupidísimos.
5 Las vacaciones son aburridísimas. Nosotras en cambio somos inteligentísimas.

ESERCIZIO 51

1 Últimamente no he hecho nada.
2 He estado en casa y he pensado.
3 No he salido mucho.
4 He hecho muchos viajes mentales y he estado bien.
5 Pero he roto muchos platos y he comido poco.

ESERCIZIO 52

1 Ayer Harry Potter rompió las gafas y perdió el autobús.
2 En 1999 se enamoraron y fueron a Lourdes.
3 Hace cinco años gané el premio Oscar e insulté a Brad Pitt.
4 El mes pasado estuvimos en China y comimos sólo pizza.
5 Fuisteis muy felices en 1956.

ESERCIZIO 53

1 En 1912 yo no era nadie pero mi abuela estaba viva.
2 De pequeños íbamos a la playa pero siempre llovía.
3 Hace diez años él tenía más pelo y comía menos.
4 Disculpa, quería llamarte pero no tenía tu teléfono.
5 En la Edad Media no había coches.

ESERCIZIO 54

1 Ayer mi gato Óscar rompió las gafas y no me vio entrar.
2 La semana pasada perdí las llaves y entré por la ventana. Fue divertidísimo.
3 Este año he viajado mucho y no he tenido tiempo de trabajar.
4 *A:* ¿Has estado en Birmingham últimamente?
B: No, pero vivía allí cuando era pequeño.
5 Mi mono es famosísimo. En 1986 hizo una película con Brad Pitt y ganó el premio Óscar.
6 Mi tío era policía y en 1934 cenó con Al Capone.
7 Mi madre en cambio es ama de casa y hoy está rompiendo todos los platos.

8 Esta semana he estado ocupadísima.
9 El 22 de febrero de 2002 mi pez rojo durmió poco.
10 El lunes pasado fui a la escuela en taxi.
11 Mi abuelo iba a la escuela a caballo.
12 Disculpe señor, ¿ha visto a mi mujer? La perdí antes de ayer y todavía no ha llamado.
13 En 1982 fui de Roma a Pekín a pie.
14 Anoche fui a tu casa.
15 Paco hace tres meses me pidió un consejo. Yo hoy le he dado un conejo.
16 Ayer fui a la oficina pero estaba cerrada por vacaciones.
17 Mi perro hace un año robó un coche.
18 Te esperé toda la vida en el taller pero tú no eras un mecánico.
19 Penélope Cruz está estresadísima porque yo soy más famosa que ella.
20 Te he llamado cien veces esta mañana. ¿No has oído?

ESERCIZIO 55

Nacionalidad/Idiomas/Experiencia profesional/Dirección/Fecha de nacimiento/Correo electrónico/Pasatiempos/Sexo/Educación y formación académica/Teléfono/Nombre/Permiso de conducir

ESERCIZIO 56

Preferentemente con experiencia y conocimientos de **IDIOMAS**. Se ofrece **CONTRATO** de trabajo durante **SEIS MESES**, prorrogable. Condiciones **ECONÓMICAS** excelentes. Horario solo de tarde. Interesados llamar al número de **TELÉFONO** 956 07 43 08 para concertar una **ENTREVISTA**. Necesario presentar Currículum vitae y **FOTO** tamaño carnet.

PASO DIEZ

ESERCIZIO 57

1 Dime... ¿Hay algo que te gusta hacer?
2 No sé... soy bastante perezosa. Me gusta estar sin hacer nada.
3 ¿No te gusta bailar, jugar al billar o tocar el arpa?
4 No, me gusta dormir y no hacer planes.

5 ¿Y jugar al tenis de mesa, dibujar o practicar esquí náutico?
6 No, no me gusta.
7 Pero entonces, ¿qué te gusta?
8 Me gustan las personas que no hacen preguntas. ¿Y a ti?

ESERCIZIO 58

1 ¿Qué vas a hacer esta tarde?
2 Pienso ir a tocar el violín por la calle con Conchita.
3 En realidad Conchita está por venir a mi casa a jugar al ajedrez.
4 Y ahora, ¿qué pensáis hacer?
5 Vamos a comprar un tablero de ajedrez: la tienda está a punto de cerrar.

ESERCIZIO 59

1 El año que viene a esta hora seré un cantante guapo, rico y famoso.
2 Cantaré muchos éxitos musicales y tendré muchas admiradoras.
3 Saldré con ellas y nos divertiremos un montón.
4 Por la mañana dormiré hasta tarde y no leeré el periódico.
5 Podré dedicarme a mis pasatiempos.
6 Mis admiradoras viajarán conmigo todo el año.
7 En verano beberemos piña colada en la playa y jugaremos a voleiplaya.
8 En invierno iremos a esquiar y montaremos a caballo.
9 Será estupendo, verás.

ESERCIZIO 60

1 Me gustaría salir contigo de vez en cuando.
2 Sí, sería estupendo.
3 Podríamos ir al supermercado o al museo de ceras.
4 Sí, nos divertiríamos un montón.
5 Tú mirarías a Liz Taylor y me besarías.
6 Y yo pensaría que no hay leche en casa.
7 Iríamos a casa y no tendríamos nada que hacer.
8 Luego saldríamos y veríamos que está para llover.
9 Yo tendría el paraguas y lo abriría.
10 Sería todo muy romántico.

CHI È JOHN PETER SLOAN?

John Peter Sloan è nato a Birmingham, in Inghilterra, nel 1969. È un artista eclettico a tutto tondo: attore brillante, autore, cantante rock e *stand-up comedian*. All'età di 16 anni ha lasciato la sua patria e ha viaggiato per l'Europa accompagnato dalla sua chitarra e dalla sua voce. Nel 1990 è approdato in Italia e ha fondato un gruppo rock chiamato The Max.

Ha cantato e suonato con la band fino al 2000, quando è nata sua figlia. Ha deciso quindi di interrompere il suo tour e di dedicarsi all'insegnamento della lingua inglese. Le parole "normalità" e "banalità" non fanno parte del dizionario di John che, dotato di uno spiccato *sense of humour*, ha stravolto i canoni dell'insegnamento della lingua inglese in Italia. Ha iniziato con degli show educativi in inglese nel celeberrimo tempio della comicità italiana Zelig; in seguito ha scritto diversi spettacoli teatrali che lo vedono protagonista. *I'm not a Penguin* è stato in tour nei maggiori teatri italiani.

È l'autore di *Instant English*, il manuale di inglese più venduto in Italia e best seller anche in Francia, Germania e Spagna. A seguire altri libri che sono sempre primi nella classifica delle vendite: *Instant English 2*, *English al lavoro*, *Lost in Italy*, *English in viaggio*, *English da zero* e *English Express*. Ha inoltre scritto degli ausili didattici per le scuole medie e ideato diverse collane di DVD e libretti: *Speak Now!*, *Speak Now! Evolution*, *Speak Now! for Work*, *English da zero* e *English Express*.

In queste pubblicazioni John insegna recitando, coadiuvato da un cast di brillanti attori inglesi e italiani attraverso vari sketch.

Grammatica e comicità con John vanno a braccetto: il denominatore comune delle sue opere è l'insegnamento con il sorriso. La sua verve non è passata inosservata, infatti appare regolarmente ospite in diversi programmi radiofonici e televisivi nazionali (*Amici*, *Mattino Cinque*, *La vita in diretta*) condividendo le sue opinioni spiritose su varie tematiche. I giornali italiani lo definiscono "l'inglese più amato in Italia". Ha ultimamente doppiato uno dei protagonisti del film Disney Pixar *Planes*. Nell'estate del 2014 ha pubblicato il suo primo romanzo fantasy: *I diari degli angeli*. Quando non è impegnato sul palco o al computer, John trascorre il suo tempo nelle sue scuole di Milano e Roma e nel suo nuovo pub-ristorante Sloan Square "The Place to Be", inaugurato a luglio 2014 in piazzale Cadorna 2 a Milano.

«Español da zero»
di John Peter Sloan
Oscar
Mondadori Libri

Questo volume è stato stampato
presso ELCOGRAF S.p.A.
Stabilimento - Cles (TN)
Stampato in Italia. Printed in Italy